大营销系列

渠道战略

陈军————著

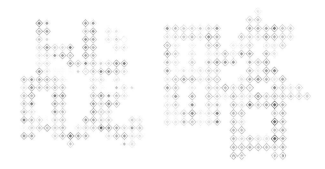

电子工业出版社

Publishing House of Electronics Industry

北京·BEIJING

未经许可，不得以任何方式复制或抄袭本书之部分或全部内容。
版权所有，侵权必究。

图书在版编目（CIP）数据

渠道战略 / 陈军著. -- 北京：电子工业出版社，
2025. 2（2025. 8重印）. -- ISBN 978-7-121-49285-3

Ⅰ. F274

中国国家版本馆CIP数据核字第20242CV646号

责任编辑：刘淑丽
印　　刷：北京盛通印刷股份有限公司
装　　订：北京盛通印刷股份有限公司
出版发行：电子工业出版社
　　　　　北京市海淀区万寿路173信箱　邮编100036
开　　本：880×1230　1/32　印张：8.625　字数：194千字
版　　次：2025年2月第1版
印　　次：2025年8月第4次印刷
定　　价：79.00元

凡所购买电子工业出版社图书有缺损问题，请向购买书店调换。若书店售缺，请与本社发行部联系，联系及邮购电话：（010）88254888，88258888。

质量投诉请发邮件至zlts@phei.com.cn，盗版侵权举报请发邮件至dbqq@phei.com.cn。

本书咨询联系方式：（010）88254199，sjb@phei.com.cn。

30年来，我一直深耕大营销领域。特别是在最近的12年中，我先后指导了数万家企业并为其内部营销团队导入了大营销体系。近两年来，越来越多的知名企业，如郎酒集团、江苏今世缘酒业股份有限公司、今麦郎食品股份有限公司、河南心连心化学工业集团股份有限公司、深圳诺普信农化股份有限公司、重庆德庄实业集团等邀请我入企辅导。而这些企业都有一个共同的特征：有许多经销商、代理商等中间渠道。相较于内部营销团队，它们发现渠道伙伴更需要一套赋能和管理体系。

为了更好地辅导这些企业的渠道伙伴，我几乎把讲课和入企辅导外的时间全部投入渠道的调研上。两年来，我连续走访了上百个城市的交易批发市场，面对面访谈了大量的经销商及其下辖的分销商和终端零售网点，试图找到渠道端真正的卡点在哪里。

通过大量的实地调研和面对面访谈，我发现时至今日，企业真正的"战场"不在企业内部，而在市场末端的渠道体系，甚至延伸到渠道的"最后一公里"。谁能打通渠道的"最后一公里"，谁就会成为真正的赢家。

这意味着什么？解决渠道问题必须站高一线——站在产业链

的高度重新做战略思考：在今天行业供给过剩的大背景下，企业要重新定义自身与渠道之间的关系。过去大多数企业对渠道伙伴的认知是客户，因为他们认为企业与渠道之间的关系就是简单的买卖关系。但实际上，如果企业要赢在渠道的"最后一公里"，企业与渠道之间的关系就不应该只是简单的买卖关系，而要从"客户"关系转向"合作"关系。而"合作"关系的最高境界是"夫妻"关系，双方必须抱团取暖，形成战略共识，共同为终端用户服务，才能形成"护城河"。

存量经济时代，企业的竞争已经从企业单体之间的竞争升级为产业链之间的竞争。这意味着企业在搭建营销体系时不能独善其身，必须从搭建内部营销体系延伸到搭建内外结合的营销体系，从过去以"开发为主"转向"开发+管理+赋能"，向渠道伙伴输出一套闭环的营销管理系统，实现对渠道伙伴的系统化帮扶和全周期赋能。这也意味着企业要对渠道布局、组织架构、作战地图、管理机制、激励机制、帮扶体系等全部进行升级，以此向渠道伙伴输出自己的经营能力，帮扶渠道伙伴提升经营能力，深耕终端用户，进而实现渠道伙伴的业绩增长。一旦渠道伙伴的业绩增长了，那么企业的业绩增长自然水到渠成。

尤其在全球一体化的经济形势下，企业更不能再单打独斗，而是要站在全产业链的角度共同为用户创造极致价值。全产业链是什么？是贯通整个产业链，打通供（研发、原料、设计）、产（设备、工艺、品质）、销（品牌、渠道、服务），围绕共同的目标，做好共同的产品，为用户提供服务。全产业链形成高度共识，形成全闭环，一起为用户创造最大价值。因为环境变了，时代变了，全球经济一体化了，如今很多产品在全球范围内进行买卖，跨越了时间和空间，如果我们不抱团取暖，共同对抗市场，形成"护城河"，我们的企业就难以做大、做强、做久。

遗憾的是，在走访市场的过程中，我看到太多企业"只生不养"，只考虑自己盈利，在将经销商开发进来后便不再加以管理，让渠道伙伴自生自灭，最终渠道伙伴不赚钱，企业也赚不到钱，这才是导致企业增长乏力最大的瓶颈。如何才能突破这个瓶颈呢？我基于近年来服务多家上市公司和龙头企业的经验，总结出了一套以总部赋能渠道为导向的经营地图，其包括以下七个步骤。

☑ 渠道布局

渠道布局可以从数量和质量两个维度进行设计：渠道的数量包括对渠道的长度、密度和广度的设计；而渠道的质量则取决于总部对渠道伙伴的赋能管理。然而，经营企业是一场有限与无限的博弈。面对无限的市场和无数的渠道商，企业精力有限、资源有限、人力有限，这时候不能盲目开发，要先集中资源推行大商战略，为标杆赋能，打造出标杆大商。然后，再从标杆大商身上提炼标准，再将标准复制给其他渠道伙伴，实现从标杆市场向全国市场的渗透。

☑ 渠道组织

渠道布局完成后，企业还要组建强大的渠道组织架构。

大多数企业通常只会组建内部营销团队，但从产业链的高度来看，直接面对终端用户的队伍有两支：一支是总部成立的正编团队；另一支是经销商组建的专属团队。其实，后者才是企业最庞大、最核心的营销队伍。因此，企业要鼓励和支持渠道伙伴为你的品牌建立专属团队，并将其视为总部的营销大军，纳入总部的管理范畴。

基于此，渠道组织搭建的逻辑要从销售型组织转变为赋能型组织：整个渠道组织以用户为中心，再由渠道服务于用户，最后由总部服务于渠道。因此，为了帮助渠道更好地服务用户，企业要围绕渠道伙伴的全生命周期来搭建营销组织，包括开发前的锁商部，开发中的招商部和开发后的育商部，进而支撑渠道战略的落地。

☑ 渠道开发

组织建好后，接下来要梳理出渠道开发的作战地图。从总部至经销商，再到分销商，最后至终端零售商，每个渠道层级、每个团队、每个人都要根据"谁来卖、卖给谁、卖什么、怎么卖、动作量化、考核机制"的逻辑，输出组织和个人的作战地图，形成全国一盘棋的格局。

☑ 渠道管理

如何确保组织和个人在执行作战地图的过程中不走偏？总部要对整个渠道体系进行纠偏管理。通过"自查+检查+抽查"的方式，对整个渠道体系作战地图的执行过程进行管理和帮扶。针对在抽查过程中暴露出来的共性问题，应及时组织头脑风暴，以清除作战地图执行过程中所遇到的障碍。

☑ 渠道赋能

渠道是直面消费者的最后一道关卡，因此渠道伙伴的专业能力往往决定了消费者对厂家的信任度。如果渠道伙伴不专业，那么势必会影响消费者对厂家的观感。为了强化渠道的专业能力，总部必须将赋能体系向一线延伸，不仅为正编团队赋能，更要为渠道伙伴的专属团队赋能，输出总部的营销能力。为此，我在实践中总结了一套"渠道通关+渠道秘籍"的赋能闭环体系，旨在快速提升渠道的专业能级。

☑ 渠道机制

经过总部对渠道的赋能，有些经销商跑到了前面，有些经销商落后了。此时，企业就需要设计一套动态的赛马机制——通过每个季度对渠道伙伴进行"五星评定"，使优秀的渠道伙伴得以涌现。为了激发出整个渠道生态的活力，这套赛马机制要"一竿子插到底"，从总部至经销商，再到经销商的专属团队，都要分层进行五星评定，并将评定结果与晋升、降级、淘汰、薪酬以及返利等所有正负激励资源相挂钩，让贡献大的经销商和销售伙伴获得最多的回报，让不合格的经销商及销售伙伴离开队伍。

☑ 渠道维护

最后，企业还要从"只生不养"走向"优生优育"，思考如何培育标杆经销商，帮助渠道伙伴做大做强。其中，最有效的方法就是对标杆经销商进行驻站式陪跑，手把手教授经销商如何组建团队，如何开发二级网点，如何举办终端促销活动……这样做的目的是聚焦资源，先将一个标杆市场做深做透，培育出标杆经销商。然后，企业将培育经销商的标准和流程提炼出来。接下来，再将这套体系复制给其他经销商，一步步地向更广阔的市场扩大和渗透。

以上七个步骤层层递进，每一步都配套了相应的方法论和落地工具，最终形成一套帮扶渠道的闭环系统，旨在向渠道伙伴输出自身的经营能力，构建厂商一体化的运营体系，进而帮助渠道伙伴做大做强，最终形成厂商一体化的战略联盟。

根据我在企业管理教育一线的观察，今天的企业急需一本帮扶渠道伙伴的红宝书，而本书恰好能为企业提供一套完整的方法论和实效工具。书中的所有案例和工具表格均来自我真实的辅导场景，贴合经营一线实际情况。对于有类似痛点的企业，只需要根据自己企业的实际情况稍做调整，便可将这些系统工具轻松应用于实践。因此，我由衷地希望本书能成为企业辅导渠道伙伴的工具书，成为激发渠道伙伴热情和能量的一点星星之火，照亮企业与渠道伙伴共同发展的前行之路。

陈军

2024年10月于上海

目录

01

第一章

渠道战略：渠道力决定增长力

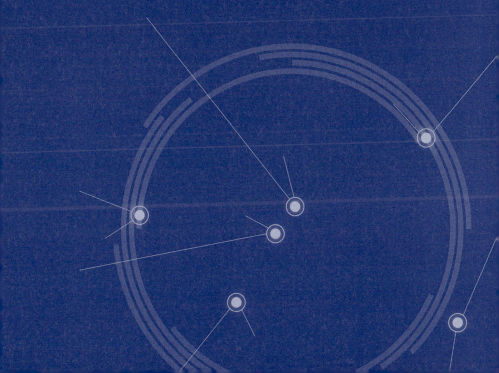

为什么要把渠道上升到战略

↘ 营销的变化：产品力—品牌力—渠道力

众所周知，在营销大师菲利普·科特勒提出的"营销4P"（Product，产品；Price，价格；Place，渠道；Promotion，促销）中，最复杂的就是渠道。因为产品、价格和促销决策，仅仅靠企业自身就能掌控，而渠道则涉及大量的外部合作者，如何组织好这些外部合作者？如何调动这些外部合作者的积极性？如何为这些外部合作者赋能？如何平衡用户、渠道和企业之间的利益关系？这些都是企业最头疼的问题，也是当前制约企业增长最大的瓶颈。换句话说，今天，相当一部分企业的核心竞争力体现为渠道的竞争，渠道网络的丰富程度及掌控能力决定市场份额，决定增长是否具有持续性。

自2023年开始，我愈发感受到这件事的急迫性。越来越多的中大型企业和上市公司邀请我入企为他们解决渠道管控及赋能方面的问题。从2023年上半年开始，为了更好地辅导客户，我先后数十次去一线走访市场，每次三到五天不等，连续走访了多个品牌厂家的经销商及其零售终端。

为什么要走访零售终端？因为终端是离客户最近的地方，

是企业价值实现的最后一道关卡。从厂商到消费者的供求价值链上，仅仅做出产品是不行的，必须将产品销售出去才能形成市场。渠道的核心价值就是对市场的准确把握和拥有强大的客户资源，厂家只有借助他们的力量，才能将自己的产品及服务带给更多的用户。

当我把观察的触角伸向离用户最近的中国市场最末端的乡镇，甚至农村零售终端后，我突然发现中国的营销现状已经悄然发生了变化：企业与企业之间的竞争根本不是发生在总部与总部的办公室之间，而是发生在与终端客户密切接触的一公里甚至0公里。也就是说，企业与企业之间的竞争已经演变为终端渠道之争。

从根本上讲，这是因为中国经济进入了一个全新的周期，即中国大部分行业已经从增量市场转向存量市场。在存量市场，企业面对的是一场场残酷的"抢人大战"。这里的"人"，首先指终端用户，企业须将自身的产品和服务下沉到用户面前。而决定企业能否接触到更多终端用户的，是渠道中间商。下沉市场中，好的位置和中间商更为稀缺，这使得品牌间的竞争愈发惨烈，进而导致品牌成了被挑选的一方，渠道领域随之爆发了一场"抢商大战"……

事实上，纵观整个营销发展史，营销经历了三个阶段的变迁：

- 第一阶段的主要矛盾集中于产品，考验的是企业能否"做出"让消费者满意的产品，此时企业之间比拼的是产品力。谁的产品力强，谁就能赢得市场。

- 经历了一段肆意生长的时期，许多行业走到了第二阶段。这个阶段，决定企业能否实现增长的主要矛盾发生了变化：大家都能做出好产品，使得供需关系发生变化，消费者主权时代到来了。消费者要选择哪个产品，取决于企业能否让消费者知道这个品牌。因此，这个阶段企业比拼的是品牌力。

- 到了第三阶段，大多数企业都可以把产品做好，也把品牌打响了。这一阶段，产品和品牌的差异化已经不那么明显，最终决定客户选择的，是能否在终端市场看到这个品牌，并买到这个品牌。因此，此时企业的主要矛盾就变成了抢占渠道。最终企业会发现，企业最后比拼的是渠道力，竞争的关键决胜点在于最后一公里的终端渠道。尤其是今天的企业面临的是全球化竞争，全球市场已经变成了一个"地球村"，出海已经成为众多优秀企业的选择。实际上，出海的本质就是要建设国际渠道，在全球市场开始新一轮的"跑马圈地"。企业的触角延伸得越深，企业增长的空间就越大。

从这个角度看，企业的竞争已经逐渐从产品时代过渡到品牌时代，再到渠道时代，决定企业能否胜出的关键已经从产品力转移到品牌力，又转向了渠道力。渠道力已经成为当下企业业绩增长的症结性难题，也成为限制企业业绩增长的主要矛盾。如果这个问题不解决，企业增长的空间就无法打开。相反，如果企业能比对手更好地管理和赋能渠道，那么在市场的最后一公里，将会充满各种机遇……这也许会成为企业弯道超车最好的路径。

↘ 行业的变化：从"春秋时代"到"战国时代"

近年来，我连续辅导了数位来自建材行业、家居行业和食品行业的大客户，这段经历让我有了一个明显的体会：这几个行业几乎无一例外地处于从"春秋时代"到"战国时代"的转型期。

我曾经表达过一个观点：如果用历史来做类比，所有行业在发展过程中都会经历三个时代，分别是"春秋时代""战国时代"和"二元经济时代"。

如何判断这个行业是否处于"春秋时代"呢？看这个行业的前10名公司的市场占有率总和是否达到20%以上。五六年前，我在辅导美容行业、装修行业等客户时，几乎大部分行业都还处于"春秋时代"。

"春秋时代"最大的特点是什么？行业规模很大，从业公司数量众多，行业集中度不高，几乎所有公司都处于小、散、乱的状态。这是因为企业不重视营销系统的建设，最后留不住人，也留不住客户，能力稍强的人可能出去另立门户。所以，很多销售人员从原公司出来单干，结果公司数量越来越多，但是这些新公司由于实力不足，规模越做越小，就好像俄罗斯套娃一样。

所有人在市场中打价格战，行业开始洗牌。一些小公司被淘汰，行业的市场份额会被几家公司垄断，行业就逐渐进入了"战国时代"——行业内的几个大品牌就可以垄断90%以上的市场份额。最终，行业会进入"二元经济时代"，一个行业被两大巨头控制。就像可乐这个品类只有可口可乐和百事可乐，西式快餐只有肯德基和麦当劳，其他小玩家基本没有生存空间。

因此，我经常讲，在通往第一的道路上，企业一定会经历三个阶段：先成为"春秋一霸"（占领地盘，相当于某个省的几个城市）；接下来成为"战国一雄"（占领地盘，相当于几个省）；最后进入"二元经济时代"（相当于整个市场被两三个企业所垄断），这已经是竞争的最高境界。

如果说五六年前，我所服务的大部分企业还处于"春秋时代"，那么今天随着各行各业"内卷"越发严重，我所辅导的几家企业几乎无一例外开始从"春秋时代"向"战国时代"迈进。以我所辅导的一家著名白酒品牌为例，它所处的白酒行业竞争已经到了白热化阶段，各大巨头混战，头部企业开始"绞杀"一切对手，以茅台、五粮液、洋河、泸州老窖、郎酒等为代表的一线品牌占据了市场的主导地位，市场份额逐渐向头部企业集中。

当行业竞争格局发生变化时，就会带来一个新的问题：在激烈的竞争环境中如何获胜？这个时候，企业的竞争策略就需要进行升级。比如在真实的历史进程中，春秋时期和战国时期打仗的逻辑是不同的：从战争的规模来看，春秋时期战争的规模有限，仍然带着贵族仪式性质，没那么多人去打仗，也没那么多人有资格去打仗。而到了战国时期，已经演变为"全民动员"式的战争。到了战国末年，几场主要战役的参战人数动辄几十万人。从战役的持续时间来看，春秋时期的战争持续时间很短，一旦分出胜负，一方撤退，战争大致就结束了。贵族武士与贵族武士之间相互对抗，不可能打到你死我活，不可能将对手彻底消灭。赢者能够得到土地、城池，输者也不至于灭国。但到了战国时期，战争一打就是半年，甚至最长的一场战争打了五年，战争的目的不再是夺取几个城池，而是以灭国为目的，彻底消灭对手的战斗力……

随着战争的规模越来越大，持续时间越来越长，对交战双方的组织能力和管理能力就提出了更高的要求。这点从兵法著作中就可见一斑：春秋时期的战法体现于《孙子兵法》，它讲的是谋略，比的是将帅的战略能力，而战国时期的战法体现于《吴子兵法》，它讲的是组织，比的是谁的组织能力更强。因为孙子处于春秋时代，交战规模不过几万人，战略就显得尤为重要。而吴起处于战国时代，战争的惨烈程度越来越高，大战动辄几十万人，这时候考验的不光是一时的谋略，更是对长期战斗力的组织能力。

在后疫情时代，行业越发内卷，企业若要在激烈的竞争中实现业绩增长，这个时候，春秋时期这种打法就过时了，企业之间的竞争不再是争夺几座城池，而是以"灭掉"对手为目的。以白酒行业为例，头部企业几乎一片混战，头部企业在"绞杀"其他对手，要么直接兼并，要么直接"灭掉"。因此，这时候企业若要胜出，拼的是兵力，是组织能力。

真正的决胜往往是在组织层面上实现的。企业之间最终的较量，其实是驾驭组织的能力之高低。而这个组织不仅仅包含企业的内部组织，更重要的是外部的渠道组织。谁更能调动外部渠道的积极性，谁就会在这场惨烈的竞争中胜出。因此，渠道力的背后，本质上比拼的是对渠道的组织能力。

这也从侧面反映了行业的变化促使企业必须提升自己对渠道的组织能力。为了更好地应对行业的激烈竞争，营销要从过去对个人能力的依赖转向更复杂的组织能力建设。

↘ 用户的变化：打通产品到用户的最后一公里

渠道是产品与市场之间的桥梁，是营销业务链条上的最后一个环节，负责将产品传递给用户，并实现价值的交换。

渠道战略的本质，就是"以用户为中心"。什么叫"以用户为中心"？即用户在哪里，我们的产品就要在哪里，我们的服务就要在哪里。企业要让用户能随时随地购买到本企业的产品，随时随地能体验到本企业的产品和服务。而把产品和服务的价值传递给用户要靠谁？靠渠道。尤其是我国幅员辽阔，经济发展不平衡，用户分布在五湖四海。大多数企业生产的产品无法直接送达终端用户，而是要通过一级又一级的中间商，最终送达到用户手里。

因此，"以用户为中心"的理念不仅体现在创造价值的产品环节，还体现在传递价值的渠道环节。企业的产品价值再高，如果渠道在创造价值的过程中出现短板，那么最终用户的价值就得不到保障。

即便在互联网时代，线下的中间渠道仍然发挥着巨大的作用。尤其是在越往下沉的市场中，用户越分散，而直接面对终端用户的经销商经营水平和经营状态参差不齐，零售商大多都是夫妻老婆店，完全是个体户思维，其经营思维和经营能力更是急需厂家的帮扶。因此，要创造用户价值，真正做到"以用户为中心"，并非仅仅是喊口号，而是要从各个维度进行思考，思索如何才能为客户创造价值。而渠道是产品与客户的接触点，如果这个接触点都没有为客户带来便利，带来好的体验，那么何谈"以用户为中心"？因此，虽然今天几乎人人都在喊"以用户为中心"，但真正能把这个口号落地的企业可谓凤毛麟角。

什么是真正的"以用户为中心"？从渠道的维度来看，必须做到"四最"：空间上最短，时间上最快，服务上最好，价值上最大。当客户需要你的产品和服务时，你能否让他在家门口就能买到，甚至帮他送到家里去？当客户需要你的产品和服务时，你能否用最快的速度让客户体验到你的产品和服务？当客户需要你的产品和服务时，你能否保证渠道伙伴第一时间为他送上最专业的服务？当客户需要你的产品和服务时，你能否为他创造优于对手的价值，并且创造用户的终身价值？

为了解决这些问题，企业必须研究渠道布局和赋能：如何让渠道最大程度地贴近更多用户？哪些产品要送到家里去？哪些产品至少要布局到社区？哪些产品应该布局到乡镇？哪些产品至少要布局到县城？比如，那种高频次使用的产品就要尽可能地贴近小区设置售卖点，甚至送到家门口；而低频次使用的产品至少要考虑布局到县城。这就是为什么许多全球顶级的奢侈品在中国到处开店，因为消费者也不想舍近求远。虽然在国外购买奢侈品或许能够节省一些关税，但时间成本太高了……渠道布局完成后，还要考虑如何为渠道赋能，要手把手教会渠道如何为更多的终端用户创造更多的价值。所以，渠道本质上就是要研究如何在最短的距离、最快的时间内给客户最好的服务，让客户体验到最高的价值。

正如管理学家斯图尔特·克雷纳在《管理学》中所言，一家企业能够满足多少用户的终身价值，是其成功的真正衡量尺度。最终，大业绩本质上就是所有终身用户对企业丰厚的回报。因为企业为用户创造了巨大价值，客户才会给予企业丰厚的回报。所以，你的用户分布在哪里，你就要不断地贴近他们，并帮扶渠道伙伴去服务好他们。即便你的产品再好，你也不能高高在上，你要让客户能够体验到你的产品，感受到产品和服务的价值。这就是优秀企业要拼命地做渠道下沉、拓网深耕，甚至把渠道建到乡镇乃至农村的原因，因为许多县城、乡镇甚至农村的用户要购买其产品。

根据县域工业经济发展论坛（2023）披露的数据，县域经济GDP已经占到全国GDP的38%。黑蚁资本也有一项研究显示：约40%的县城家庭年收入在税前达10万元以上，储蓄率为38%；13%的家庭年收入在税前超过15万元，储蓄率达到42%。这些数据都说明，县城居民的消费能力可能已经与一线城市居民相媲美，甚至在某些方面有所超越。其背后的原因也不难理解，一方面，随着县域经济的崛起，居民的收入水平不断提高，消费能力也随之增强。另一方面，县城房价低，这使得他们有更多的可支配资金来享受生活。因此，这是一块诸多品牌都在努力开发的处女地。麦肯锡预测，到2030年，中国个人消费规模将增长至65.3

万亿美元，超66%的增长来自包括三线及以下城市，消费市场潜力持续爆发，而"品牌下沉"的进程才刚刚开始。

用户在哪里，企业的产品就应该出现在哪里；用户在哪里，企业的服务就应该跟到哪里。只有永远围绕用户的需求进行设计，才是真正的以用户为中心。而渠道战略的本质，就是要以用户为中心，为更多的用户创造价值。如何把企业创造的价值传递给用户？靠的是渠道，渠道的使命是传递价值。因此，企业要想完成为用户创造价值的任务，就必须把渠道当成这个价值链条中不可或缺的一环，尽最大的努力去帮助渠道更好地传递价值。

↘ 市场的变化：渠道出海

由于工作的关系，近年来我接触了大量出海的企业，发现一个趋势：过去只有大企业在全球布局渠道，而近年来随着国内市场逐渐走向"内卷"，许多行业已进入"红海"。企业发展面临瓶颈，很难获得更大的市场空间和更高的利润。而随着新兴市场的不断发展，不同国家和地区的消费者消费能力不断提升、消费需求日益多样化，使得出海成为众多企业实现规模增长的第二选择。根据德勤的调研数据，55%的中国企业想通过出海来实现市场扩张和增长机会的探索，由此服务更多的全球客户。事实也证明，越来越多的中小企业也开始探索全球化渠道布局。通过渠道出海，开辟国际市场，将国内的商业模式复制到国外，就可以开拓新的市场，获得新的增长空间。

对于 To B 企业来说，构建全球化的线下渠道至关重要，不少出海企业都选择与海外的经销商、加盟商合作，以此打开销路。而 To C 的出海企业则主要通过跨境电商平台和零售卖场进行市场拓展。此外，连锁加盟出海也成为新消费品牌的新趋势，中国连锁加盟品牌出海已经蔚然成风。如果你今天在国外出差，很容易看见很多中国品牌，如名创优品、海底捞、蜜雪冰城……随着中国企业竞争力的不断提升，越来越多的中国企业在不断"走出去"，走向全球。从宏观层面来看，渠道出海已经成为大势所趋。

中国企业在出海中也存在巨大的优势：第一，供应链优势，经过 40 多年改革开放，中国积累了强大的制造能力以及完整的供应链，这使得中国企业拥有其他国家难以匹敌的竞争优势；第二，中国是全球第二大消费市场，未来很可能成为全球第一大消费市场；第三，中国政府也支持企业出海，为出海企业提供各类税收减免及退税政策，为出海构建了一个良好的生态系统……从这几个维度来看，中国企业出海寻求第二增长曲线，已经成为不可逆转的趋势。

因此，对于希望营收规模向百亿元甚至千亿元跃迁的企业而言，渠道出海将不是一个可选项，而是一个必选项。如果企业想要突破增长的天花板，那么企业必须加快全球化的渠道布局，构建能覆盖全球的营销及服务网络。

综上，从营销、行业、用户和全球市场的维度，都倒逼企业必须把渠道上升到战略的高度。接下来，我们再从业绩增长的角度，来阐述为什么要把渠道上升到战略的高度。

水深才能鱼大：大业绩的杠杆是大客户，而大客户来源于大渠道

任何战略都有其使用的边界。同样，相对于从0到1的创业型企业来说，本书所描述的渠道战略更适用于从1到N的企业。因此，在为任何一家企业导入渠道战略之前，我首先会做"战略三问"，以判断企业现阶段是否匹配渠道战略。

☑ 第一问：你的战略选择是什么

经营企业要以终为始来思考，企业的终局决定了今天的渠道布局。正如亚伯拉罕·林肯所言："如果我们首先明确了自己在哪里，要去哪里，我们就能最好地判定该做什么以及如何做。"因此，在服务任何一家企业之前，我必须邀请企业领头人做一道选择题：你的战略选择是什么？你是想做雄鹰、大雁、麻雀还是苍蝇？如果你选择做雄鹰，你可以飞1万米高，活70年；如果你想做大雁，你只能飞1 000米，活10年；如果你选择做麻雀，你只能飞100米，过不了冬……这是关于企业基因的选择，也是对企业战略意图的明确。

20世纪70年代到80年代，日本企业在诸多行业挑战了美国企业的领导地位，这使得美国掀起了一阵反思浪潮。其中，加里·哈默尔（Gary Hamel）和C.K.普拉哈拉德（C.K.Prahalad）在

《哈佛商业评论》发表了著名的《战略意图》（Strategic Intent）一文，首次提出了战略意图的概念："在过去的20年里上升到世界领导地位的公司，最初都具有与其资源和能力极不相称的'雄心壮志'。但是它们在组织的各个层面上获得的成功令人着迷，而且在过去的10~20年里，在寻求全球领导地位的过程中一直保持着这种令人着迷的事物。我们把这种令人着迷的事物定义为'战略意图'。"

战略意图最大的作用是什么？它让企业从一开始就拥有"长期主义"的思维方式，终点即起点，从一开始就拔高了企业资源配置的标准，使得企业的短期行为与长期目标之间保持一致性。如果你选择成为雄鹰，从一开始就要择高而立，就要以雄鹰的标准来经营企业，以雄鹰的标准来配置资源；如果你选择做苍蝇，那么你只会用苍蝇的标准来要求自己。只有选择做雄鹰的企业，才有可能真正地落地渠道战略，否则，它从一开始就不可能有长期主义的思维，也不可能按照雄鹰的标准来布局渠道和配置资源。

☑ 第二问：你的战略定位是什么

如果你已经选择了做雄鹰，那么接下来，我要问的第二个问题是：你的战略定位是什么？在客户心目中，你独一无二的价值体现在哪里？消费者是为你独一无二的价值来买单的。渠道的功能是传递价值，如果你的差异化价值不明确，那么渠道战略的效果会大打折扣。

☑ 第三问：你聚焦什么大单品

产品价值不是由渠道决定的，而是由产品本身决定的，渠道只是向客户传递价值的通道。如果产品价值本身不突出，即便渠道下沉，也很难打败对手。因此，企业必须有一款大单品。例如，茅台的大单品是飞天茅台，星巴克的大单品是咖啡，麦当劳的大单品是汉堡……

如何衡量这款大单品是否有"杀伤力"呢？一个可供参考的数据是，这款大单品是否占据企业80%的销售额？如果这款大单品占据销售额的80%以上，就意味着企业已经通过这款大单品立足于市场，且在客户心目中已然形成了一个专而窄的认知。

为什么要先做"战略三问"？因为这三个问题是渠道战略能否决胜千里的前提。如果企业选择做雄鹰，也具备独一无二的价值，并且有一款受到市场认可的大单品，那么接下来，我们就可以来倒推：如果要做雄鹰，成为行业第一，怎么做才能实现呢？这是一种以终为始的思维方式，根据战略意图来倒推今天的战略布局。

在我之前出版的《大客户战略》一书中，我其实已经回答了这个问题：要想实现大业绩，关键是要撬动大客户这个杠杆，因为大客户才能带来大业绩。但是，随着时间的推移，我发现背后还有一个问题没有解决：如何才能使大客户源源不断地增加呢？如果把大客户比作鱼，那么鱼塘里有鱼，小河里也有鱼，大湖里有鱼，大海里也有鱼……哪里的鱼才会更大、更多呢？一定是大海。因为水深才能鱼大，所以鱼大的前提一定是水足够深。

大客户是鱼，渠道就是水。要想做雄鹰，企业就需要不断地把渠道做得足够深、足够宽、足够广。只有又深又宽又广的渠道，才能确保企业有足够大的客户池。有了足够大的客户池，才能从中挑选出高质量的大客户。相反，如果客户池不够大，那么所谓的大客户也不过是"矮子里拔将军"。从这个角度看，大客户和大渠道本身就是一个完整的闭环。只有大渠道才能带来更多更好的大客户，而大客户又会反过来吸引更多的渠道。如此一来，大客户的数量和质量会得到提升，而大客户又会产生标杆效应，引导和扶持渠道做得更深更透。

重塑营销价值观：企业赚的不是中间商的钱，而是用户对你的奖励

↘ 直营渠道和间接渠道的优劣

什么是渠道？渠道的本义是指水流的通道。这个词被引入到企业经营管理中，意指商品流通的通道。渠道就是要让消费者在任何地方都能看到并买到你的商品。

渠道大体上可以分为两种：一种是自营渠道，比如自己开直营店、开分公司、开线上网店、开微店……总而言之，企业是靠自己的队伍直接把产品卖给终端用户；另一种是间接渠道，比如通过经销商、代理商、加盟商等中间商进行分销，一起把产品或服务送到终端用户面前。

这两种渠道模式只是两种不同的市场扩张路径，没有对错、

优劣之分，关键在于企业适合哪一种渠道，企业能否驾驭和管理好这种渠道。

从我近十年服务的企业来看，选择间接渠道的企业占比超过70%。事实上，在世界500强的企业中，95%的企业是做B端的生意，而不是做C端的生意的。尤其是在消费领域，这种趋势越来越明显，许多过去宣称绝不开展加盟业务的品牌都开始逐渐开放加盟。

譬如说，这两年茶饮品牌几乎全部转向以加盟业务为主，就连原本坚持直营的喜茶、奈雪的茶也分别于2022年第4季度、2023年第3季度开放加盟，龙头企业之间的竞争加剧，纷纷开始"玩命"地跑马圈地。2024年3月，一直宣称"坚持30年不加盟"的餐饮业老大海底捞宣布开放加盟，一时间引起轩然大波。有人甚至调侃道：餐饮的终局是加盟。事实上，从2020年开始，美国餐饮业的连锁率就超过了60%，而中国的连锁率仅有17%。以头部餐饮企业麦当劳为例，在全球37 000多家麦当劳门店中，直营店的比例大约是10%，其余90%全部是加盟店。麦当劳对加盟店输出标准化管理模式，授权它们使用麦当劳品牌，并负责加盟店的选址、统一采购配送平台、店面装修和形象宣传。

为什么这些企业不选择直营渠道，而选择间接渠道呢？这是由二者的特性决定的。

直营渠道的优势是什么？便于管控，因为直营渠道是你自己的"子弟兵"，很容易建立统一标准，这些"子弟兵"只需要按照总部的标准去开店就可以了。但是，直营店也有它的缺点，那就是全部要依靠自有资金进行扩张，成本很高。因此，除非这家企业的毛利空间很大，有足够的资金来实现发展。但是，企业的发展是有窗口期的。如果你从0到1已经跑通了，却没有资金去复制。一旦竞争对手开放加盟，便会快速地超越你，实现大规模发展。

一个非常典型的案例就是华住集团。

请先思考一个问题：如果酒店品牌想快速规模化，那么最快的方式是什么？华住集团给出的答案是：把别人的酒店变成自己的。其创始人季琦曾发表过一个观点：他们的酒店发展不是循规蹈矩地重复前辈们的道路，而是要在不长的时间内达到上万家甚至几万家。华住集团的目标是依托独创的模式和平台优势，拓宽在中国乃至全球的市场布局，加快升级为创新型、未来的、新型酒店集团。要做到这一点，它就需要从竞争战略思维转向协同共生思维。

具体来说，如何操作呢？假设你是一家传统酒店的老板，投资了几百万元建了一家酒店。但是，由于缺乏酒店运营经验，生意不温不火。这时候，就可以考虑加盟华住集团，与华住集团共同经营这家酒店。

华住集团能为加盟商带来什么好处呢？

首先，华住集团在全渠道拥有超过2亿名会员，如果双方达成合作，就可以瞬间向这家酒店推送所有会员。其次，华住集团可以向加盟商输出自己的经营体系。华住集团的体系化系统为酒店的筹建、采购、品控、运营、营销等各个环节提供相应解决方案，以专业视角解决行业中最难解决的痛点。因此，加盟酒店不仅获得了流量，还有人协助管理，加盟商只需要等着分红即可。

那华住集团又能得到什么好处呢？

首先，华住集团可以快速扩大自己的规模。迄今为止，华住集团已经突破了万店规模。如果按照传统的直营模式，一家酒店从选址到装修，再到开业，至少需要3个月。而华住集团通过整合，将竞争对手的酒店转化为自己的队友，不仅不需要投入资金，且只需要15天就能开业。其次，通过将自己的经营体系赋能给加盟商，华住集团也能分享加盟商的经营收益。

无独有偶，便利店行业领头羊7-11也是同样的扩张逻辑。7-11近年来的店面扩张，主要来源于公司的"店铺转换计划"——即将社区的夫妻老婆店改为7-11的加盟店。为什么这样做？因为许多适合开便利店的黄金位置早已被一些夫妻老婆店牢牢占据。7-11要想扩张自己的"版图"，只有通过与这些夫妻老婆店进行合作。

可为什么这些夫妻老婆店愿意加盟7-11呢？因为7-11有一套完整的加盟商赋能体系，在产品规划、店面布置、物流配送、数据分析、供应体系上都能为这些夫妻老婆店提供建议。经过赋能后的加盟店，经营能力得到质的飞跃，业绩自然也就增长了。而在利益分配环节，7-11也大方地将因赋能所带来的利润的55%~57%分给了加盟店。如此一来，双方便能实现共赢。按照这个模式，7-11在全球市场布局了超过7万家连锁门店，是全球最大、最赚钱的连锁便利店集团。

文具制造商之一上海晨光文具股份有限公司（简称晨光文具）也是同样的逻辑。如果家里有孩子，你对这个品牌一定不陌生，好像在学校周围总能看见晨光文具。这是因为晨光文具在全国有8万多家零售终端网点，而这些悬挂"晨光文具"品牌的终端网点大多也是收编自学校周围的小文具店。

在一次接受采访时，晨光文具创始人陈湖雄先生强调：晨光文具的成功是因为奉行了"伙伴天下"的理念，把遍布全国城乡的众多合作伙伴看成是一家人，不是"晨光人"，胜似"晨光人"。协调好自身利益、伙伴利益、用户利益这三者之间的相互关系，依靠伙伴闯天下、赢天下、坐天下。其中有三条要诀。

一是首先考虑伙伴利益。公司面向市场的每项政策和措施出台，首先考虑伙伴利益，真诚、专注、协作、共赢，旨在让每一位伙伴成为发家致富的"老板"。

二是帮助伙伴获得市场技能。晨光文具建立层层培训的制度，进行一一细致详尽的指导，旨在使每一个合作伙伴都具备一身市场竞争的真本领。

三是关心伙伴的生活难题。伙伴的家事就是晨光文具的心上事，诸如家庭困难、夫妻矛盾、股东纠纷，等等，晨光文具都会出面进行调解，以消除伙伴的后顾之忧。

归根结底，以上三家企业的扩张，其实蕴含了同一个底层逻辑：通过为生态链中的上下游企业甚至竞争对手赋能，将自己的资源优势、品牌势能、经营能力等全部输出给他们，帮助他们快速赢利。这样一来，品牌厂家就可以快速扩大自己的队伍和地盘，达到用别人的资源（甚至是对手的资源）来壮大品牌的效果。

由此可见，企业选择的渠道模式基本上决定了企业扩张的速度。因为渠道模式背后意味着企业能调动多少资源。一家企业所能调动的资源、所能占据的空间，决定一家企业增长的极限。如果你只能靠自己的资源占领100个城市，那么你增长的极限就是这100个城市。但是，如果你能够调动1 000个城市的经销商、代理商、零售商资源，那么你的增长空间就是1 000个市场。因此，你所能调动的资源、这些资源所能掌控的空间，都构成了你增长的极限，也就是你的边界所在。这让我想到在调研欧派时，听闻欧派有一个"树根理论"：如果把欧派比作一棵大树，代理商就是欧派的树根。只要让树根长得够深、够粗、够密，欧派之树枝繁叶茂，硕果累累是迟早的事。

前面讲了间接渠道的优点：企业可以在更短时间内，投入更少资源，取得更高回报。因为间接渠道的本质是撬动别人的资源，一起把事业做大，因此扩展速度更快。既然间接渠道的效率更高，那为什么有些企业非要做直营呢？这是因为间接渠道有一个缺点：不好管控。因为间接渠道属于外部资源，一旦外部资源没有管控好，那就会伤害客户价值，进而伤害企业的品牌。毕竟，在终端客户眼里，渠道就代表品牌。

因此，民间流传一句话：成也加盟商，败也加盟商。比如，曾经有一个餐饮品牌一年内在全国开了数百家加盟店。最后发现，加盟商的素质和专业水准良莠不齐，总部根本无法形成品控。加盟店里面不仅卖品牌的产品，还卖其他产品，完全不按照品牌提出的标准来执行，极大损害了顾客的就餐体验。但对于客户而言，渠道就是品牌，客户不会区分你是否为加盟商，最后一定是由品牌来"背锅"。这个品牌多年积攒的口碑差点毁于一旦。总部发现这个问题无法解决后，只能赶紧放弃加盟策略，重回直营策略。

由此可见，直营渠道和间接渠道各有利弊。在全世界任何一个行业，我们都可以找出这两种模式成功的例子和失败的例子。企业要选择哪一种渠道模式，本质上取决于企业的能力及其资源的丰富程度。如果企业的资金实力雄厚，靠自己的资源就能快速实现扩张，将直营渠道打深打透，这也不失为一个好选择。但是，对于大部分企业而言，如果想要快速扩张，那么最好的方式就是向渠道伙伴借力，研究如何与渠道伙伴建立一体化的关系，把渠道伙伴当成自己的团队来管理，赋能渠道，带着渠道伙伴一起为终端用户创造价值。

当然，这样做有一个前提：企业必须建立一套成熟的、高效的渠道管理和赋能体系，通过统一标准、统一管理，同样能起到直营团队的效果，弥补直营的不足，整合更多优秀的人才和资源，加快扩张的速度。如果这件事情做成了，那么靠间接渠道来扩张一定是最好的模式。因此，我们不能绝对化地讲哪种渠道模式更好，而是要考虑自己有没有能力来驾驭和管理好间接渠道，有没有能力帮助渠道伙伴一起做大，通过共赢来实现渠道的留存。什么叫共赢？共赢就是厂家要把渠道伙伴的盈利作为核心目标。只有经销商盈利了，企业才会盈利。

为了解决这个问题，许多企业在直营渠道和加盟渠道之间，还探索出一种过渡形态，比较典型的如"类直营"模式：其本质是将门店的所有权和经营权进行分离，加盟商只需要负责出钱或出资源，如提供门店，经营则交由总部来负责，从店面到物流、到仓储、到工厂，实现统一指挥和调配。虽然这种模式可以避免加盟商难于管控的缺陷，但对于企业的人才培养提出了更高的要求，品牌厂家必须持续地为加盟商输出合格的店长。什么样的品牌适合采用"类直营"模式？以零售品牌为例，像海澜之家、名创优品、百果园等之所以选择类直营模式，是因为单店管理难度不大。而对于服务型品牌而言，采用类直营模式或许会面临较大的困难，还是交给中间商自己来做管理效果更好。

综上所述，在这三种渠道模式中，直营渠道管理最轻松，类直营模式次之，管理难度最大的是间接渠道（经销商、代理商、加盟商）。通常情况下，门店数量越多，总部的管理难度系数越是呈几何倍数增长。那么，如何做到大而不乱？这就非常考验总部对渠道伙伴的管理能力。如果品牌厂家有能力管控和赋能渠道合作伙伴，这比厂家培养员工接管可能效果更好。毕竟，渠道合作伙伴缺的不是意愿度，而是能力。本书立足于解决最难的部分，重点研究如何管理好间接渠道。我始终认为，如果你能够管理好间接渠道，那么直营渠道就更不在话下。当然，如果你对管理直营渠道感兴趣，那么可以参考我此前的图书《大客户战略》

和《客户价值战略》。

↘ 厂商一体化：重新定义厂家与渠道的关系

今天大家普遍认为间接渠道很难管理，那么，这个问题的根源是什么呢？我访谈过大量的企业家和营销负责人，我发现问题出在他们对渠道的错误认知上：大部分企业把经销商、代理商、加盟商当成客户，就是买货和卖货的关系。因此，在其认知当中，企业赚的是经销商、代理商、加盟商的钱。

叔本华说："世界上最大的监狱是人的思维意识。"人这一辈子，都在为自己的认知买单。如果企业对渠道的认知是错的，那么后续所有的行为都不可能对！因此，企业必须突破原有认知，重新定义厂家和渠道的关系。

本质上，渠道不是客户，而是合作伙伴。因为厂家把货卖给中间商只是第一步，接下来厂商还要帮助中间商把产品卖给终端用户。从这个角度看，中间商虽然是外部成员，但其是组织中不可或缺的一部分，因为其替代了直营销售团队的功能。

试问一下，你会去赚内部销售人员的钱吗？不会，没有一家正常的企业会想去赚员工的钱。同样，间接渠道也是你的销售队伍，那为什么会去赚他们的钱呢？你不仅不应该去赚他们的钱，还要把自己的工作一直延伸到终端，去赋能他们，帮扶他们，像培育自己的员工一样去培育中间商，告诉他们怎样才能更好地服务终端客户。最终，这些代理商、经销商和加盟商做大，是因为你们共同为终端用户创造了价值，因此终端客户给予了渠道奖励。只有渠道做大了，企业才能做大。这才是业绩增长的底层逻辑。

在工作之余，我喜爱研究《孙子兵法》。书中提出的第一个问题是：什么决定了一场战争的胜负？孙子给出的答案是，道、天、地、将、法。其中，"道"被排在第一位。

何谓道？孙子曰："道者，令民与上同意也。故可以与之死，可以与之生，而不畏危。"道，就是让人民和君主有共同的意愿，才可以同生死，共患难，不畏惧任何危险。同样，企业要想管理好渠道，首先要做的事情是要让厂家和渠道伙伴拥有共同的愿景、共同的目标、共同的价值观。

共同的愿景、共同的目标是什么？是做第一。共同的价值观是什么？是以用户为中心，为终端用户创造价值。要实现这个共同的愿景、共同的目标，企业家和管理者必须改变自己的观念，重新定位厂家与渠道的关系：从博弈关系转向合作关系。本质上，渠道伙伴和厂家是一条绳上的"蚂蚱"，企业只有把其当成一家人，才能真正地为终端用户创造价值，最终用户才会给予奖励，企业的蛋糕才能越做越大。最后，这个蛋糕能做多大，其实取决于企业能团结多少渠道商，帮扶多少渠道商。然而在现实中，我看到的却是另外一幅图景。

不久前，我受邀去一家建材企业进行辅导。在辅导开始之前，这家企业的老板安排营销团队和经销商向我汇报近年来的工作成果及工作难点。

这家企业营销部门的架构划分为两个部门：一个部门叫渠道部，专门负责开发经销商。经销商的规模不一，有的经销商比较大，下面还组建了小团队，专门开发零售商，有的经销商规模比较小，仅是一家直接面对零售客户的夫妻老婆店；另一个部门叫大客户部，这个部门规模不大，但集结了公司的几位销售高手，专门负责开发酒店、地产公司、大装修公司等大客户。

这家企业按照这个营销架构经营了十几年，一直发展得不错。但近年来，这家企业遇到了瓶颈：经销商"吃不饱"。为什么会出现这种情况？因为房地产市场下行，导致零售端的客户锐减，经销商的业绩出现了断崖式下滑。在行业下行的情况下，大家都在抢剩余的存量，竞争也因此变得尤为激烈。本来客户就不多，利润再下滑，这让经销商感觉到生意越来越难做，因此其逐渐萌生了开发当地酒店行业、装修行业大客户的想法。

相反，总部的大客户部规模虽然不足10人，但大客户部的业绩在逐年上升，因为其开发的都是一些连锁酒店、连锁装修公司、企业团购客户……随着大客户越来越多，大客户部也感觉到人手吃紧。仅凭这个规模甚小的团队，根本无法服务如此众多的大客户。然而，如果重新开始招人，新人上手很慢，等到这些新人能够服务大客户之时，可能还需要很长的时间，那时候黄花菜都凉了。

一边是渠道经销商"吃不饱"，另一边是大客户部忙不过来，简直是冰火两重天。

在听取汇报的过程中，还发生了一个小插曲：当经销商看到总部展示的客户名单时，一位经销商激动地说："这个客户在我们当地也有好几家酒店，我还专门去开发过，但苦于没有门路，最后都没有成功。既然总部已经把这个客户开发下来了，那能不能协助我们开发当地的酒店？"

面对这位经销商提出的问题，大客户部的负责人面露难色，没有表态。

汇报结束后，我私下对老板和经营团队说："刚刚大客户部在汇报的时候，提到最大的困难就是招人难，队伍无法壮大。其实，现在有一支现成的力量可以用，那就是你们公司旗下的数百名经销商。如果你们把所有合作伙伴都当成自己的队伍，那么增长空间一下子就打开了。譬如说，如果总部已经把大客户上海公司开发下来了，那么接下来，就可以支持这些经销商去当地的分支结构。这样一来，既能解决经销商的客源问题，还能快速壮大大客户开发的队伍……"

听到我的建议，经营团队"炸开了锅"。大客户部的负责人明确表示："陈老师，这恐怕不行！首先，我们过去也尝试过，结果最后价格体系出现了混乱，因为公司给大客户的产品价格比零售客户更优惠。许多经销商为了与对手打价格战，将公司配给大客户的产品卖给了零售客户。其次，利益分配也是问题。如果把大客户分配给经销商来开发，到时候业绩应该怎么分配呢？提成就不好计算了。"

我解释道："首先大家要明白：只有经销商的业绩得以提升，企业才能做大。关键是你们要把经销商当成一家人，而其他顾虑都是可以解决的。譬如说，刚刚提到的产品问题，完全可以通过设计不同的花样、颜色来区分大客户的产品和零售客户的产品，这样产品不会乱，价格也不会乱。再说利益分配的问题，如果你们把大客户资源分享给经销商，降低经销商开发当地大客户的成本，这样一来，经销商开发成功后，可以提前定好分成机制，把一部分提成给总部。这个问题不就解决了吗？"

听了我的话，经营团队陷入了沉思。我接着说："目前公司最大的障碍是开发大客户的团队不够大。你们自己也发现了，大客户开发周期长，销售人才也很难培养。那么，你们为什么不把当地经销商培养为开发大客户的销售'特种兵'，帮助你们去开发全国各地的大客户呢？……"

也许是受到了触动，经营团队逐渐放下顾虑，决定先找十几名经销商试点。在向这十几名经销商开放大客户名单的同时，每周组织经销商开会，跟踪开发大客户的进度，指导他们如何开发大客户……很快，就将这些经销商培养成了销售"特种兵"。看到成效后，经销商又开始招兵买马，再加上总部的赋能，帮助经销商编辑《渠道秘籍》，培育销售团队，教会他们如何开发大客户……果不其然，经销商的业绩很快就有了起色。

对于这家企业而言，本来能开发大客户的销售"特种兵"只有五六个人，现在这支队伍已经变成了五六十人。当企业看到了这五六十人爆发出来的能量后，计划将这套模式复制给公司的数百名经销商。这也意味着这个队伍将从五六十人扩大到五六百人。

这个案例暴露了什么问题？许多企业没有真正把经销商看成

是自己团队的一部分。就像这家企业一样，如果其只把自己的大客户部当成自己的力量，那么其队伍规模始终难以壮大，业绩增长也有限。但是，如果企业把所有渠道合作伙伴都当作自己的力量，那么其队伍一下子就壮大了数十倍，增长空间一下子就打开了。因此，老板想要大业绩，首先必须有大格局、大胸怀。

正如老子在《道德经》中所言："以其不自生，故能长生。"什么意思？天地之所以能长久存在，是因为它们的运行不是为了自己的存续，因此能够长久地存续。也就是说，企业不能只追求自己的利益，而是要为整个上下游生态链的利益负责。

什么叫格局和胸怀？从一个人愿意对多少人负责任可以推算出来。你愿意承担的责任越大，你的格局和胸怀就越大。如果这家企业的经销商也加入开发大客户的队伍，那么这家企业的大客户数量将成倍增长。这又回到了前面的观点：大客户一定来自大渠道，二者互为一体。当你的渠道还没有打开的时候，你的大客户的数量也是有限的。换句话说，这家企业的大客户战略如果没有渠道战略做支撑，那么大客户也很难实现爆发式增长。

具体来说，总部与经销商如何来协作呢？很简单，总部负责与大客户的总部对接，各地经销商则与当地的分支机构对接。对于这些经销商而言，他们的意愿也很强。因为目前零售端客户增长乏力，如果没有大客户去支撑经销商的业绩增长，那么双方合作可能就会出现危机。现在总部愿意共享大客户资源，这对他们而言是最好的消息。未来，这家企业将实现真正的"全员一杆枪"，大客户不再绑定在大客户部的几位销售精英头上，而是调动了数百名经销商一起去开发大客户。

因此，企业要实现大业绩，首先要正确定位企业与经销商的关系：经销商不是企业"收割"的对象，而是决定企业生死存亡的外部销售团队。曾经有一位优秀企业家向我分享他的理念：企业和代理商、经销商之间最好的合作方式是"握手"，而不是"掰手腕"，因为掰手腕一定会越掰越生分！

↘ 麦当劳的经营哲学：让合作伙伴赚钱，是保持忠诚的唯一方法

我与一位企业家交流时，他提出了一个颇具代表性的观点：经销商有奶便是娘，朝三暮四，鼠目寸光，不可能和厂家一条心，因此他特别排斥经销商打法，一直坚持走直营路线。

对于这个观点，我有不同的看法。我特别赞同麦当劳之父雷·克洛克的一个观点，他曾经把麦当劳比喻为一个三条腿的凳子：麦当劳、加盟商和供应商，他认为麦当劳成功的秘诀在于其独特的管理理念——"只有一个办法可以培养供应商对公司的忠诚度，那就是保证这些人可以赚到钱。"同样，对于加盟商、代理商、经销商，更是如此。要想让中间商一心一意地和企业合作，核心关键在于：企业要通过对中间商的管理和帮扶，让慕名而来的中间商真正赚到钱，并让其越做越大。

正如政治哲学家马基雅维利所言："不管什么事，如果不是各方都得利，就不会成功，即便成功了也不会持久。"要想保持

长久稳定的合作关系，企业要站在中间商的角度来想。中间商拿出真金白银和资源来投资，就必须尽快回本，并实现盈利。如果做不到这一点，企业在市场中就吸引不到最优秀的中间商。

因此，为了抢到最优秀的中间商，企业必须重塑营销价值观：企业不是要赚中间商的钱，而是要帮助中间商赚钱。而中间商之所以能赚到钱，是因为其为客户创造了价值，所以客户给予其奖励。也就是说，中间商的价值体现在为用户创造的价值之中，而企业的价值体现在为中间商创造的价值之中。

请注意，这个价值观的背后不是一个道德问题，而是没有从本质上理解赚钱的因果逻辑。企业要赚钱是结果，而促使企业赚到钱的原因是什么呢？是因为厂家为渠道伙伴创造了价值，帮助渠道伙伴实现规模扩张，让渠道伙伴赚到钱了。最终，渠道伙伴业绩增长了，企业业绩自然就增长了。企业要管理的不是业绩增长这个结果，而是要管理为渠道伙伴创造价值的过程。只要为渠道伙伴创造价值的过程管好了，结果自然能够达成。

其实，正是由于有了这种理念，加盟模式才得以真正发挥出其效用。

世界上最早将加盟模式发扬光大的品牌就是麦当劳。事实上，在麦当劳兄弟采用特许加盟模式扩张前，很多餐饮企业就已经通过这种商业模式扩张，但加盟店数量从来没有超过200家。因为授权方为在短期内迅速获得最大收益，就把加盟费和专用设备价格定得很高，且不指导加盟商经营，完全不顾加盟店的死活。如此一来，80%的加盟商起早贪黑也赚不到钱。授权方虽然在短期内赚了钱，但这种交易很难持续。

麦当劳兄弟的经营哲学是，特许加盟模式首先要让加盟商赚到钱。因此，麦当劳兄弟把加盟费减半，对专用设备也不收高价；同时，指导加盟商如何优化经营，按加盟店营业收入的1.9%收取指导费，一起承担加盟店的经营风险。这些做法减少了加盟商的初期投入，而且通过赋能加盟商，降低了加盟商的经营风险，提高了加盟商的成功率，80%的加盟商只要努力就能赚到钱。因此，麦当劳兄弟的加盟店数量突破过去200家的上限，达到500家、1 000家……同样，在雷·克洛克从麦当劳兄弟手中接手这个品牌后，他的经营理念也一脉相承，才有了今天麦当劳30 000多家的加盟店，使其成为世界上最大的餐饮集团。

麦当劳的成功验证了一个真理：长期的成功，一定是价值观的成功。无数商业实践证明：伟大的企业，一定是拥有利他理念的企业。企业要想与经销商建立一体化关系，首先要帮助经销商实现其目标。经销商的目标就是想赚钱，而赚钱的底层逻辑也很简单：经销商要为客户创造价值，先让客户得到好处。客户得到好处了，经销商才能赚到钱；经销商赚到钱了，厂家才有钱赚，这是一个正向循环。如果任何一方打破了这个正向循环，这个关系就会破裂。只有通过这种欲取先予的方式建立合作关系，才会三方共赢，关系才能持久稳定。反过来讲，如果你的经销商三心二意，那么你要做的不是谴责经销商不忠诚，而是要思考你有没有打破这个正向循环。

由此可见，企业要真正做到以用户为中心，将终端用户发展为终身用户，那就必须设计一套三方获益的系统，这个系统有三个关键节点：

- 第一个节点：厂家要用一个系统来帮扶渠道伙伴，保证渠道伙伴能够真正为终端用户创造价值。
- 第二个节点：终端用户有了满意度后，就会进行复购和转介绍，这样渠道伙伴规模才能越做越大。
- 第三个节点：渠道伙伴实现规模扩张后，就能形成示范效应，吸引更多渠道商和人才成为渠道合作伙伴。当这个队伍越来越大时，企业也有更强大的能力去为渠道伙伴赋能。

厂家是推动这个系统转动的第一张"多米诺骨牌"。如果在这个环节就掉链子，那么这个系统便无法正常运转，企业自然也不可能把渠道队伍越做越大。从这个角度看，营销价值观不是一个道德水平高低的问题，而是对业绩增长的底层逻辑是否有正确的认知。

渠道建设常见的5大误区

企业在渠道建设上通常会犯哪些错误呢？从我对企业的观察来看，典型错误有以下几类。

☑ 错点1：没有渠道布局

要想完成业绩目标，企业的渠道应该如何来布局？许多企业没有渠道布局的意识，基本上就是随波逐流，没有想清楚建渠道的目的是什么。企业是想找一级渠道、二级渠道还是三级渠道？

比如，对于一家建材家居企业来说，一级渠道，就是厂家找经销商，然后经销商直接卖货；二级渠道是指经销商再去开发零售商，零售商去卖货；三级渠道则是指经销商开发分销商，分销商再去开发零售商。企业首先要想清楚自己的渠道应该如何来布局。布局的逻辑不同，画像是完全不同的。

举个例子，我在某个行业内选择了三家真实存在的公司，为了保护这三家公司的信息，我们姑且用A、B、C公司来指代。

- A公司渠道布局的逻辑是什么？每个省找1家经销商，然后由经销商在省内做直营。
- B公司渠道布局的逻辑是什么？每个县找1家经销商，厂家再成立省区公司，管理每个县的经销商。
- C公司渠道布局的逻辑是什么？层层加盟。每个省找1家大经销商（简称大商），省经销商再来开发市级经销商，市级经销商再来开发县级经销商……

在任何行业，我们几乎都能找到A、B、C公司的三种业态，请问哪种业态更好呢？我们逐一来分析：

A公司存在什么问题？由于每个省级经销商自己做直营，在省内一家独大。长此以往，这些省级经销商可能会成为"一方诸侯"。这就好比唐朝的藩镇割据，在安禄山掌握了三个藩镇的实权后，他就有了实力与朝廷对抗，最终形成藩镇割据。因此，这种业态最大的风险就是尾大不掉，导致厂家管理的难度会比较大。

聪明的企业在开始布局渠道时，就要防范这个风险。例如，自开展特许经营之初，麦当劳就确定了发展加盟商的几项基本原则，其中有两项原则是：不发展实力雄厚的加盟商，以避免客大欺店，逆向改变麦当劳的标准；不发展区域整体授权，只做单一店面的加盟授权……其用意就是避免加盟商尾大不掉，反向掣肘品牌商。

C公司存在什么问题？这种层层加盟的模式走向了另一个极端：虽然不会出现大商尾大不掉的风险，但渠道过于分散，又会导致渠道松散，不便于厂家管控。与此同时，厂家离终端用户也比较远，很难了解一线用户的需求。再者，由于渠道层级众多，考虑到每个层级都要有一定的利润空间，因此价格上难免缺少竞争力。

相对而言，B公司把经销商设置在县级市场，以县为市场运作及管理的空间单位，业态相对便于管控，也不会存在尾大不掉的风险。

因此，企业在做渠道布局时，要掌握好尺度：既要防止出现藩镇割据的局面，又要避免渠道过于松散。为了验证这个想法是否合理，我们不妨看看三家公司在资本市场的表现：B公司市值最高，C公司次之，而A公司市值最低，这就是渠道布局对最终经营结果带来的影响。

☑错点2：没有渠道画像

渠道布局不同，渠道画像自然也不同。许多企业对于经销商没有任何画像，不设任何门槛，只要给钱，随便什么人都可以提货。结果招商部门只追求经销商的数量，不考虑其质量。表面上是招了众多经销商，但个个质量都非常差。由于一个区域开发了众多经销商，为了把货卖出去，经销商之间"自相残杀"，相互打价格战，最后谁都做不好，导致大部分经销商又流失掉了。即便侥幸活下来的经销商，也不会专一：和你合作的同时，也和别人合作。由此可见，企业要想与渠道建立一体化关系，源头上就必须把好关——严选渠道。

我曾经听过一组有关百果园的数据。根据百果园对2019年加盟数据统计显示，从收到加盟申请的数量到成功加盟的转化率仅为4%。也就是说，100个申请者中只有4个申请者能成功加盟。为什么？因为百果园对于加盟商进行了严格筛选，其筛选步骤包括以下10个步骤：加盟申请、会议预约、电话回访、参加加盟说明会、加盟准入评估、意向金缴纳、门店体验、区域总经理面谈、店铺甄选、加盟合同培训。

为什么百果园如此重视加盟商的筛选？因为其认为，如果让不合格的加盟商进来，那么最终加盟商一定会损害品牌。从本质上讲，加盟商和员工都是合作伙伴：员工可以看作是领取工资的加盟商，而加盟商则是投入资金的员工。公司需要和加盟商一起把品牌做大，因此，必须对加盟商进行严格的筛选。这就好比一个人要想拥有一段幸福美满的婚姻，就必须花精力来选择自己的终身伴侣。

我始终坚信：好的加盟商是企业筛选和主动进攻的结果。对于大多数企业而言，缺的不是招商行为本身，而是招到好的加盟商；缺的不是渠道，而是优质渠道。如果渠道的画像不精准，招商不设门槛，经销商参差不齐，那么业绩就不可能好。

因此，以终为始来看，企业需要的是选对渠道，渠道选对了，事就成功了一半。如果企业未来10年要成为老鹰，那么现在必须锁定一群鹰，哪怕这群鹰还只是小鹰。这是一个基因选择的问题。

优秀的企业在招商之前都会做一个动作，就是把自己原来的经销商、标杆经销商……拿过来做数据分析，找出那些成功经销商的共性：哪些人最后成长为了老鹰？这些人就是独属于企业的渠道画像。所以，如果企业想要老鹰，那么一开始就要画出鹰的画像。然后，让招商团队拿着画像去找小鹰。如果一开始没有画像，招来的都是小麻雀，再怎么培养，也不可能培养成老鹰。

☑ 错点3：只生不养

有些企业好不容易找对了渠道画像，结果其犯了一个错误：只生不养。它们把自己当成了一家快招公司，只负责把人圈进来，至于这些中间商能不能活下去，它们根本不关心。然而，厂家和渠道之间的关系就像夫妻关系，从来不是从"结婚"的那刻决定的，而是取决于双方在日后漫长的"婚姻关系"中能否共同面对风雨的考验。只有通过了考验，双方才能形成真正的战略伙伴关系。

在调研市场的过程中，我见到许多企业的加盟店早就成了僵尸店，但企业浑然不觉。为什么这些店会成为僵尸店？因为企业只重视前端的渠道开发，不重视后端的渠道赋能，而大多数中间商缺乏经营能力，没有厂家的赋能，很快就会发现根本赚不到钱，导致大多数中间商自生自灭。为了保住业绩，招商团队只能不断开发新的加盟商。新加盟商开发进来后，又会遭遇新的一轮自生自灭。如此循环往复，企业终将陷入"生一批死一批，死一批再生一批"的恶性循环。等到把所有市场都收割一遍，品牌的口碑烂了，企业就无路可走了。

今天企业要想在渠道竞争中取胜，关键就是要从只生不养转向优生优育。不仅在开发环节要严选，更重要的是人进来后，如何培育好渠道，帮助渠道做大？这才是留人的关键。只有通过育商来帮扶经销商做大，企业才能做大。这是渠道战略的底层逻辑。

☑ **错点4：对于经销商没有科学的管理机制**

在辅导企业的过程中，我发现有些企业对于经销商的管理是完全缺位的。

譬如说，许多企业对经销商没有目标考核。我在调研一家企业时，发现它的经销商特别自由：想什么时候提货就什么时候提货，想不提货就不提货。许多经销商已经两年没有提货了，结果再提货仍可以享受之前的价格。这说明什么？企业在骨子里没有把经销商当成自己人来管理。这些企业在管理自己的员工时，如果三个月不出单是要被淘汰的，但对于经销商没有任何考核机制和淘汰机制。因为在经销商看来，企业是要赚他们钱的，怎么能考核他们呢？

同样，企业会对自己的员工进行培训和通关考核，但对于经销商来说，根本没有培训和通关体系。再者，即便经销商随意串货，扰乱市场的价格体系，厂家也一筹莫展，或者干脆置之不理。

经常有老板向我抱怨："有些经销商跟了我二三十年，早就成了'老油条'。本来只做我们的经销商，结果业绩做不起来，就开始做其他品牌。出于人情，我也不好终止合作，怎么办？"这暴露了什么问题？这家企业对经销商没有管理，没有评价，没有激励，最终导致这些经销商已经失去了动力。而动力来自哪里？机制。正是因为企业缺少对经销商的正向激励机制，同时也缺乏对经销商的问责和淘汰机制，导致整个经销商队伍没有一丝活力，死气沉沉。

☑ 错点5：对间接渠道的认知错误

为什么会出现上面这些现象？因为大多数企业对经销商、代理商、加盟商的认知是错误的。这些企业在骨子里把这些中间商当成客户，因为中间商从厂家提货，企业是要从中赚钱的，所以企业怎么可能去考核中间商呢？

员工就不一样，因为员工是要领取工资的，所以企业认为管理员工是天经地义的事情。而客户是给企业钱的，企业不应该对客户有要求。

然而，在与企业家交流的过程中，我发现那些能将企业做大的企业家，很早就认识到经销商不是客户，而是伙伴。而那些业绩很难突破的企业，就是因为它们把经销商当成客户。因为一旦对经销商的认知发生了扭曲，后续所有打法都会出错！

开局决定终局。如果一开始对于渠道的认知就发生扭曲，那么所有行为就会偏离正确的轨道：因为把渠道当成客户，所以企业不需要进行渠道布局，谁给钱谁就能提货，没有人会拒绝客户；因为把渠道当成客户，所以不需要画像，客户越多越好，在一个区域内发展多个经销商，最后导致大家自相残杀；因为把渠道当成客户，所以企业只需要把产品卖给渠道，交易就结束了，不需要再去为渠道赋能；因为把渠道当成客户，所以企业也不敢去要求客户遵守规则，统一标准，更想不到如何去激励他们……

为什么企业会把渠道伙伴当成客户，而不是自己的营销队伍呢？因为在企业看来，员工是自己养的，他们在一心一意地卖企业的产品，而渠道伙伴却没有那么忠诚，其除了卖自家企业的产品，还卖其他企业的产品，因此企业认为渠道伙伴三心二意。

但企业忽略了一点：渠道伙伴和直营团队的功能是一样的，他们的作用都是帮助企业把产品卖给终端客户。并且，直营团队是需要企业发工资的，而渠道伙伴不仅不需要企业发工资，还会带着自己的资源和资金来买企业的货，带着自己的身家性命来帮企业服务终端客户，这难道不比员工更忠诚吗？

然而，正是这种交易关系，让企业产生了渠道伙伴是客户的错觉。结果，企业把员工当成自己人，却把拿着资源来追随企业的渠道伙伴当成了客户。这难道不是一种讽刺？

从内部能力来看，每家企业都有自己独特的竞争优势，但是，如果难以在所有方面都具有领先的竞争优势，就需要通过战略联盟与合作伙伴一起构建产业生态系统，寻求共同发展的空间。对企业来说，这就是通过资源互补形成相对稳定和安全的生存发展环境，同时，给竞争对手带来进入的壁垒和障碍。

实际上，企业与渠道是战略联盟，双方共同为用户创造终身价值。企业之所以需要战略联盟，是因为在高速变化的市场环境中，产业结构和竞争格局经常发生变化。一个典型的趋势就是当下产品的生命周期越来越短，市场赋予企业的时间窗口期有限，这就倒逼企业必须快速占领全球市场。

然而，对于中小企业而言，在资源不足的情况下，全部靠自己的资源来布局渠道是很低效的打法。因此，当企业内部资源不足时，就可以通过整合外部资源，建立渠道联盟来快速进入市场。只有更多的渠道伙伴加入这个生态，才能形成规模经济，提升企业在市场中的竞争力。

因此，企业未必一定要占有资源，只要你能够整合资源，这些资源就能为你所用。而一家企业自身的资源永远难以与社会的资源对抗，所以真正的高手一定会把格局和视野打开，而不是只盯着自己的队伍。

如今企业面临的是全球范围内的竞争，全球市场　盘棋。如果你真的发自内心地把用户放在第一位，想服务好全球的客户，那就像华为一样，如果客户在珠穆朗玛峰，你就要把渠道建在珠穆朗玛峰；如果客户在非洲，你就要把渠道建在非洲；如果客户在冰岛，你就要把渠道建在冰岛……要实现这些目标，你只有一条路：团结更多的人一起来做渠道。否则，只靠自己的"子弟兵"，发展的速度太慢了。

因此，我经常讲一句话：当你胸怀天下时，你才能拥有天下！正如姜太公对周文王的告诫："同天下之利者，则得天下；擅天下之利者，则失天下。"这句话的意思是，能够让天下人共享天下利益的人，才能够得到天下；独霸天下利益的人，就会失去天下。只有让天下人都能够得到利益，才算是真正的王道！

追根溯源，渠道战略能否成功，最终取决于领导者的胸怀和格局。从这个角度看，所有错误的原点在于企业对于经销商的认知出现了偏差。我始终认为，人一生之中缴纳的最大的税是认知税。很多人根本不知道自己处于无知状态，因此一生都在为自己的认知缺陷买单。

渠道战略：以用户为中心，围绕渠道升级经营活动

当我们升级了对渠道的认知后，接下来，如何设计经营活动才能确保渠道战略的落地呢？众所周知，所有经营活动的设计，都必须和战略目标一致，服务于最终目的。任何与战略目标无关的动作都是废动作，这是设计经营活动的整体指导方针。从营销的视角出发，这就要求企业围绕业绩抓管理，围绕结果抓经营。

如果企业的战略目标必须靠渠道伙伴来实现，那么从一开始，所有经营活动都要以渠道为靶心，将所有渠道伙伴囊括其中，形成一个以赋能渠道为导向的经营地图：渠道布局—渠道组织—渠道开发—渠道管理—渠道赋能—渠道机制—渠道维护，都要同步跟进匹配。这是我们从实践中总结出的渠道战略落地执行

的七个关键步骤，这七个步骤层层递进，每一步都有相应配套的方法论和工具，最终形成一个完整的渠道战略大闭环。

那么，这个渠道战略大闭环的底层逻辑是什么呢？

☑ 渠道布局

后疫情时代，大多数企业正在经历着前所未有的增长焦虑。如果企业已经有了好产品，也建立了一定的品牌知名度，那么接下来，如何才能让企业的业绩实现大幅增长呢？渠道是打开增长空间的唯一途径。因为只有让更多用户能够随时随地地购买到你的产品，他们才能体验到你的产品；只有让更多用户体验到产品，企业才能有大业绩。由此可见，大业绩来自大渠道。

如果要实现企业的战略目标，就意味着企业必须做好渠道的战略布局。渠道的战略布局可以从两个维度进行剖析：一是渠道的数量，渠道的数量来自渠道的长度、密度和广度的设计；二是渠道的质量，渠道的质量是指企业要为渠道赋能，帮助渠道提升业绩。如何布局渠道呢？企业不能"全面开花"，而是要聚焦资源扶持大商，先把标杆树起来，用先进带动后进。

☑ 渠道组织

渠道布局好了，接下来企业要建立强大的渠道组织。

在渠道组织中，直接面对终端用户的队伍有两个：一个是由总部成立的正编团队，另一个是由经销商组建的专属团队。过去，在渠道组织建设中，企业通常只关注自己的正编团队，鲜少关注经销商的专属团队。实际上，这一团队才是企业最庞大、最核心的营销组织。

为了服务好这个最庞大、最核心的营销组织，企业内部要围绕经销商的全生命周期来搭建组织，包括开发前的锁商部（又称市场部或品牌部），开发中的招商部（又称抢商部）和开发后的育商部（又称客服部或赋能部）。此外，总部还可以探索组建渠道自治组织，建立一个总部与渠道、渠道与渠道之间的互助平台，帮助大家共同成长。

☑ 渠道开发

在组建了强大的渠道组织后，接下来，企业要教会所有组织和个人设计渠道开发的作战地图。总部要设计出年度目标的完成路径，同样，每个经销商也要推演出自己的作战地图。以此类推，无论是正编团队还是专属团队，每个人都要推演出个人的作战地图。

☑ 渠道管理

作战地图设计出来了，那么如何确保这个作战地图得到有效执行？有没有组织和个人在执行作战地图的过程中走偏了？这个时候，企业就必须对整个渠道体系，包括专属团队进行纠偏管理。为此，我们自创了一套"三查系统"，通过"自查+检查+抽查"的方式，对整个渠道体系作战地图的执行过程进行管理，并及时通过头脑风暴来解决在作战地图执行过程中遇到的问题。

☑ 渠道赋能

作战地图旨在明确渠道达标的路径，解决的是"能不能做"

的问题。接下来，企业还要通过渠道赋能，解决"会不会做"的问题。这就好比在行军过程中，将帅希望自己的部队是快跑还是慢跑呢？当然是快跑！为了让所有队伍都能够快跑，我们必须给他们赋能，教他们怎样才能跑得快。

因此，总部还必须设计一套赋能体系，不仅要为正编团队赋能，更要为经销商的专属团队赋能。凡是处于与终端用户接触点上的所有岗位，都要进行赋能。在实际经营过程中，我们独创了一套"通关+渠道秘籍"的赋能体系，这套体系能够快速提升营销团队的专业能级。

☑ 渠道机制

即便总部为渠道进行了赋能，仍会出现有些经销商跑到了前面，有些经销商落后的情况。这个时候，企业就必须设计一套动态机制，这套机制就是后文会介绍的"五星评定"，它本质上是一套赛马机制。

这套赛马机制要应用于整个渠道体系，从总部到经销商，再到经销商的营销团队，都要进行五星评定，并将评定结果与晋升、降级、淘汰、薪酬以及返利等所有激励资源相挂钩，让贡献价值最多的经销商及其员工拿到最多的回报，将不合格的经销商及其员工及时淘汰出队伍。通过定期实施赛马机制，激发所有人积极向上的欲望，保持整个渠道体系的活力。

☑ 渠道维护

当企业将渠道开发下来后，接下来，如何留住这些经销商，并且手把手教他们做大？这个时候，企业就要对标杆经销商进行驻站式陪跑，手把手教授经销商如何组建团队，如何开发二级网点，如何举办终端促销活动……

为什么要对标杆经销商做驻站式陪跑？这样做就是为了聚焦资源，先把一个市场做深做透，培养出标杆经销商。在培养标杆经销商的同时，将培养经销商的标准和流程提炼出来。接下来，再将这套体系复制给其他经销商，逐步进行扩大和渗透，为下一步埋下伏笔。

最终你会发现，整个渠道体系极其聚焦，全部是以终为始：围绕业绩大幅增长这一核心要点来构建系统。渠道布局是为了大幅增长，渠道组织是为了大幅增长，作战地图是为了大幅增长……

大幅增长背后的底层逻辑是什么呢？是因为我们真正做到了以用户为中心。渠道战略的目的就是把更多终端用户服务好。用户满意了，零售商才会满意；零售商满意了，经销商才会满意；经销商满意了，厂家才会满意。这是一个正向循环。最终，用户回馈给企业的奖励是什么？大业绩。如此一来，企业才能越做越大。因此，渠道战略在本质上就是终身用户战略。只有站在为用户创造终身价值这个原点来思考，对所有与渠道相关的经营活动进行升级，才能形成一套高效成熟的渠道管控及赋能系统，让渠道网络遍布全球的每一个角落，靠近终端的每一个用户，并为他们提供用户终身价值。从这个意义上讲，渠道战略可谓企业的头号战略。

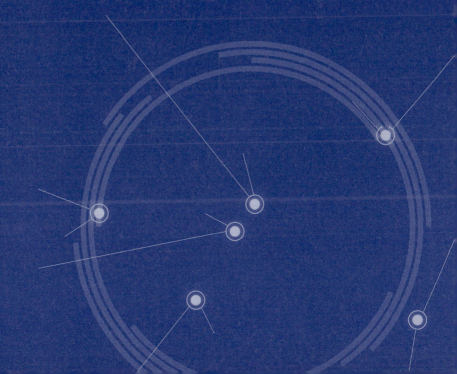

02

第二章

渠道布局：一手抓数量，一手抓质量

业绩目标=渠道数量×渠道质量

由于工作的关系，近十年来我接触了数以万计的企业。在这个过程中，我发现许多企业之所以会遭遇业绩增长的瓶颈，很大程度上要归咎于它们对渠道的布局不合理。因为渠道布局不是一个简单的战术打法，而是一个重要的战略决策，它关系到企业的商业模式能否成立。

如果一家不适合直营的企业选择了直营渠道，那么它可能会遭遇现金流危机，因为直营渠道需要投入大量的人、财、物资源。相反，如果一家不具备管理渠道伙伴能力的企业选择了分销渠道，那么它面临的将是渠道的失控。因此，渠道布局是整个营销决策的起点，它关系到企业该如何达成自己的业绩目标。

假设一家企业要在十年后成为一家百亿级营收的公司，那么这个目标应该如何分解到渠道呢？如果企业采用的是直营渠道，那么目标分解比较简单，可以参见我在《客户价值战略》中所描述的战略定标法和战术定标法，在此不再赘述。但是，如果企业选择的是间接渠道，那么目标分解就要复杂一些，要从渠道数量和渠道质量两个维度来考查，可以归纳为以下公式：

业绩目标=渠道数量×渠道质量

渠道数量，即企业有多少个完成业绩目标的渠道。渠道的数量越多，业绩越高。哪个指标能代表渠道数量呢？招商数量，即每年要招多少经销商。要回答这个问题，就涉及对渠道的长度、密度和广度的设计。

具体来说，包括以下诸多问题：企业的渠道应该设计几个层级？每个层级选择几名经销商或分销商？除了传统的线下渠道外，线上渠道是否需要布局？如果布局线上的话，企业需要布局哪些线上渠道？除国内渠道外，全球化渠道是否布局？……渠道的布局会决定渠道的数量，而渠道的数量会影响最终业绩。

渠道数量盘点出来后，企业还要思考：如何提升渠道质量？因为只有渠道伙伴的经营质量足够好，才能支撑企业持续实现高目标。在调研市场时，我发现许多企业看似有数千名经销商，实则其中有相当一部分经销商早已沦为了僵尸渠道。他们早就无法为企业贡献任何业绩，却白白浪费了企业深耕这片市场的机会，也使得其他经销商无法进入这片市场。因此，企业在布局渠道时，不能只追求数量，还要保证渠道的经营质量。

如何才能提升渠道的经营质量呢？其源头是要激发经销商做大的梦想。企业必须认真地与渠道伙伴商讨：如何才能设定更高的目标，并通过对达标路径的推演，让渠道伙伴与总部达成目标共识。没有这个目标共识，总部的战略目标根本无法落地。

譬如说，在辅导某知名家居企业的员工时，这家企业的董事长告诉我，该企业的战略目标是成为一家百亿级营收的企业。我提醒他："如果你们公司要实现年营收百亿元，就必须产生一批年营收上亿元的经销商。因为只有经销商的业绩达到一亿元，你才可能实现年营收百亿元的目标。"因此，要实现企业的总目标，难点不在于公司的总目标该如何分解，而在于如何帮助经销商，尤其是标杆经销商设定高目标，激发其做亿元级经销商的梦想。

接下来，本章将沿着渠道数量和渠道质量两个维度，来阐述企业应该如何科学地布局渠道。

渠道设计：长度、密度和广度

近年来，我辅导的企业年销售额大多处于5亿元至300亿元之间，也有少量千亿级客户。通过对这些客户的调研，我观察到一个共性问题：这些企业大多经历过相当长一段时间的业绩增长期，但近年来业绩徘徊不前。当我仔细分析它们的业绩增长所面临的瓶颈时，我发现基本上都是因为过去的渠道布局已经到天花板了。如果企业想要突破瓶颈，唯一的办法就是重新调整企业的渠道布局，从一开始就要择高而立，充分考虑用户需求、战略需要、产品特性、竞争对手等因素，做好渠道的长度、密度和广度设计。

↘ 渠道的长度设计

渠道长度，是指厂家与终端用户之间的渠道层级。按照层级来划分，渠道可以分为零级渠道、一级渠道、二级渠道、三级渠道……

- 零级渠道：指厂家直接将产品销售给终端用户，也就是我们常说的"直营模式"。

- 一级渠道：指厂家通过1个中间商，将产品销售给终端用户。比如企业将产品销售给经销商，经销商再直接将产品卖给终端用户。

- 二级渠道：指厂家通过2个中间商，将产品销售给终端用户。比如，企业在每个县级市选择一名县级经销商，由县级经销商向下发展各个乡镇的分销商，再由乡镇分销商销售给终端用户。

- 三级渠道：指厂家通过3个中间商，将产品销售给终端用户。譬如说，企业在每个城市发展一名经销商，再由城市经销商向下发展区域分销商。然后，区域分销商再往下发展零售商，零售商直接面对终端用户。

- ……

在当下渠道利润逐年压缩的大背景下，渠道也逐渐从长渠道转向短渠道，这与中国市场的变化是分不开的。

- 1997年以前，中国的市场环境呈现出产品供不应求的状态，因此当时的主流模式是企业在每个省找1名一级经销商，接下来，由省级经销商发展地市级的二级经销商，二级经销商再发展县级的三级经销商。

- 在1997年亚洲金融危机爆发后，市场格局开始发生逆转，逐渐从供不应求的状态过渡到供过于求。在产品过剩的大背景下，大批企业为了抢占市场，在渠道端开始下沉，慢慢开始用"市级代理商"替代"省级代理商"。也就是说，大多数企业将经销商的布局下沉了一级。

- 到了2000年左右，随着竞争进一步加剧，市场也随之进一步下沉。在竞争最为激烈的快消品行业，"县级代理商"再次替代"市级代理商"，发展为主流渠道模式。此后，企业基本确定以县级经销商作为基本经营单元。

随着县级经销商成为一级渠道后，许多企业开始了"渠道扁平化"的进程，再加上互联网所带来的冲击，"渠道扁平化"一度甚嚣尘上，被众多企业所推崇。然而，我并不赞同这种观点。因为企业要想触达更多的用户，完成深度分销，就必须扶持经销商在一个区域市场内精耕细作，渗透到更深一级的乡镇甚至农村市场，这就意味着经销商的分销链条变长了。

因此，企业不能简单粗暴地压缩渠道的层级，而是要将渠道的重心下移，帮扶经销商开发下一级分销商，不断拓展渠道的深度，让渠道越来越下沉，越来越接近终端消费者。纵观今天各行各业的标杆企业，无一不是在渠道的深度上下功夫。基于国内市场强大的纵深性，以及培养用户购买习惯的巨大成本，纵深的渠道往往能形成有效的"护城河"。

什么样的企业适合长渠道？什么样的企业适合短渠道呢？关于渠道长度的设计，企业不妨参考以下几个因素。

☑ 因素1：产品的毛利空间

总部和渠道之间要达成一种利益分配的平衡状态。如果公司赚钱，渠道伙伴不赚钱，那么渠道就会流失；同样，如果渠道伙伴很赚钱，但公司不赚钱，这件事也不可持续。只有渠道伙伴能赚到钱，公司也能盈利，这个平衡才不会被打破。因此，如果企业想拥有强大的中间渠道，就必须保持足够的毛利空间。因为只有高毛利，才能支撑企业庞大的渠道组织。

换言之，企业的毛利空间越大，企业的渠道层次就可以设计得越长。

但问题来了：毛利空间来自哪里？企业的产品要足够地聚焦。如果一家企业产品多而杂，企业的毛利空间就不可能大。毛利空间小，渠道动力就不足。这样一来，企业就没有空间去发展长渠道，就很难保证渠道做深、做透。

以我服务的一家消费品企业为例，这家企业只做一个超级大单品，却能完成一年20多亿元的营收。为什么？因为这款大单品的毛利空间足够大，才能够支撑起这家企业发展三级渠道，容纳了上万名渠道伙伴。正是因为渠道长度足够，才保证了这家企业在营销端拥有足够的活力，才能支撑起20多亿元的年营收规模。

☑ 因素2：经销商的市场覆盖率（可控范围）

除了产品的毛利率外，渠道长度还取决于经销商的市场覆盖率。当企业选择与市场覆盖率比较大的经销商合作，渠道就会比较长。相反，如果经销商规模小、实力弱，其便没有能力去发展下一级渠道，那么渠道相对就会比较短。这就倒逼企业从一开始就要描绘出经销商画像，设定经销商的准入门槛。

在实际经营过程中，我看到许多企业为了追求经销商的数量，发展了大量的小经销商，结果这些小经销商只是路边的夫妻老婆店，自然就不可能发展下一级渠道，因为它的市场覆盖率就只有方圆三五公里，甚至一公里。相反，如果企业从一开始就锁定了旗下拥有若干个分销商和零售商的大商，那么该经销商一定会往下一级渠道渗透，其可控范围相对较大。因此，优秀的企业一定会设置经销商的准入门槛。

以宝洁公司为例，它在挑选经销商时，会在全国各地精选具有一定规模、财务能力、销售额、仓储能力、运输能力和客户关系的经销商，尤其注重考察经销商的客户关系的深度和广度，以及其对区域市场的覆盖能力。因为宝洁公司明白，精准的经销商画像可以促进市场渠道结构的合理分工，最大限度地降低渠道成本。

☑ 因素3：用户的购买频率

在设计渠道长度时，企业还要考虑用户的购买频率。一般来说，用户购买频率高的产品更适合长渠道，用户购买频率低的产品则更适合短渠道。

以牛奶这类快消品为例，用户几乎每周甚至每天都会进行购买，单一层次的渠道很难全面覆盖市场。这个时候，企业就需要一级一级往下渗透，离用户越近越好，最好能把渠道铺设到小区门口。

反之，用户购买频率较低的产品，如建材、家具，用户可能5~10年后才会产生复购。针对这类低频产品，集中在县城的建材市场相对而言更有效率，渠道长度也相对较短。

总体而言，渠道越长，厂家能辐射的销售区域就越广。但是，长渠道又会导致厂家离用户比较远，使其对终端市场的变化不够敏感，对市场的反应速度迟缓。因此，长渠道特别适合品牌知名度高的快消品。而短渠道的优势就是离用户近，能更好地贴近市场，但其销售区域又会受到限制。因此，短渠道更适合新厂家、新品牌，或者是需要强力推销的产品。

当然，渠道的长度并非是一成不变的，企业要用发展的眼光来看待这个问题。如果企业处于初创期，为了更好地掌控渠道，更好地了解用户需求，企业在初始阶段可以采用短渠道。随着厂家的品牌越来越成熟，就要考虑是否将短渠道升级为长渠道，抓住企业发展的窗口期，快速扩大品牌的市场覆盖率。

与此同时，企业还要充分考虑不同市场的差异性：对于同一个厂家而言，在成熟的区域市场中，渠道可能设计得比较长，而在新开发的区域，渠道则可以设计得比较短。另外，企业还可以依据产品的差异来设计渠道长度，比如标准化产品选择长渠道，定制化产品选择短渠道……

↘ 渠道的密度设计

渠道的密度设计是指渠道在同一个层级的渠道成员的数量。根据不同密度，渠道可分为密集分销、选择分销、独家分销这几种类型。

密集分销，是指厂家在同一渠道层级开发尽可能多的分销商，让用户在更多的渠道能买到厂家的产品，这种分销方式多适用于快消品。因为渠道决定了产品的曝光度和用户购买产品的便利度。比如，可口可乐就是典型的密集分销，无论是五星级酒店，还是乡村的夫妻老婆店，消费者都能随时随地购买到可口可乐。

选择分销，是指厂家精心选择一部分分销商来销售产品，这种分销形式在工业品渠道模式中被较多地采用。

独家分销，则是指厂家在某一市场区域内，只挑选一个经销商来分销产品。这样做的好处是什么？可以激励分销商。当然，独家分销也有弊端：它很容易造成经销商一家独大，最终形成难以控制的局面。

在设计渠道密度时，企业最容易犯的错误是什么？那就是盲目地进行密集分销，一味地追求经销商的数量，完全不顾及经销商的质量，最终导致经销商的数量也保不住。

一个典型的案例是我曾经辅导的一家饲料企业。在调研该企业时，我发现它进行渠道扩张的逻辑很简单：就是尽可能地增加经销商的数量。因此，这家企业对经销商没有提出任何要求。任何一家夫妻老婆店，只要交钱给总部，就可以成为其经销商。因此，仅在一个小镇上，这家企业就能发展近10家经销商。这意味着只要是卖饲料的小店，就可以卖这个品牌的饲料。结果不难想象，这些经销商为了抢客户，相互之间打价格战，最后所有卖这个品牌饲料的经销商都赚不到钱。

由于不设门槛，该企业的经销商数量实在太多，导致厂家也无暇进行管理，只能让其各凭本事，自生自灭。因此，厂家既没有安排人员去培训经销商如何卖货，也不开展任何促销活动。其内心真实的想法是：如果经销商能做起来那自然最好，实在做不起来，大不了再换一批。

最后演变成了怎样的格局呢？小、散、乱。虽然这家企业的经销商数量众多，但每个经销商的规模都很小，根本做不大。一旦赚不到钱，经销商又会转投别的厂家，导致经销商的货越来越分散，越来越混乱，更加赚不到钱。

这样的企业绝不是孤例。为什么这种类型的企业做不大呢？根源就在于企业根深蒂固的错误认知，它们以为业绩增长是靠不停地发展经销商的数量，把经销商的数量做起来，业绩就会随之提升。但事实是，如果只有数量，没有质量，最后数量也保不住。因为经销商本身也是一家企业，其只关心自己的利润。假如你刚刚进入这个区域市场，那么"做死"了一批经销商，还可以再发展一批。等到你把这一片区域的经销商都"做死"了，就再也没有人愿意和你做生意了。

商业的规律是什么？只有一线的经销商赚钱，厂家才能赚钱。如果厂家抱着"你卖不掉不关我的事情"的想法，只盯着拿到手的现金，至于未来的钱，想不了那么远，它就违反了商业的规律。所以，聪明的老板一定会遵循商业规律，想方设法地帮助一线经销商赚钱。

由此可见，如果厂家发展经销商时不设门槛，只关注数量，一味贪婪地增大渠道的密度，最后的结果一定是"只生不养"，导致每个经销商都做不大。因此，企业必须把握好数量与质量之间的度。关于这一点，顺丰的做法值得学习：顺丰一直稳扎稳打，先把广东到香港的市场份额做起来，接下来再做华南、华东、华北……一个区域、一个区域地逐步占领。一个市场赚钱了，再去扩张第二个市场。一个网点不赚钱，绝不会去开拓第二个网点。

因此，企业在设计渠道的密度时，不能一味地追求数量，而是要根据自己的产品特性控制好渠道的密度，追求有质量保障的数量。也就是说，要在确保经销商质量的前提下，再来发展经销商的数量。

在《3G资本帝国》一书中，记载了一个很有意思的情节。它讲述了3G资本在收购博浪啤酒后，是如何改良博浪啤酒的经销商体系，最终使其在巴西市场的份额超过可口可乐的。

20世纪80年代的巴西，随着气温的不断攀升，啤酒的价格一路上涨，但每次啤酒上架都会很快被抢购一空。啤酒工厂产能不足，零售商拿不到货，整个行业的运转效率非常低。那么，如何才能让销售终端更有效率呢？3G资本合伙人马赛尔前往美国取经，了解百威啤酒是如何被运送到美国每一个酒吧、餐厅与超市的。

在收购博浪啤酒之后，博浪啤酒的高管米格尔也亲自拜访客户和零售商，了解市场。在走访市场后，他发现了一些非常棘手的问题："我们的分销被太多不具备基本条件和资格的公司控制着。它们之所以会被选中，往往只是因为它们是某位博浪啤酒的总监的朋友或亲戚开的……从父亲那里分销到儿子那里，即使整个过程就像公证机构一样公事公办，它的表现也并不会很好。"

更麻烦的是，博浪啤酒当时有1 000家经销商，这使得公司的运作变得无比复杂。一切都非常分散，没有几家分销商能赚大钱。企业几乎没有在优化运作、提升效率方面采取什么措施，结果，企业就这样把自己推入了恶性循环中。

针对这种局面，马赛尔认为最好的办法就是减少分销商，这样企业为了赚钱便会扩大规模，于是企业开始对分销商进行筛选。这是一个棘手的过程，大多数被排除在外的分销商都非常恼火。企业接下来要做的是建立标准化流程，因为在此之前，每个分销商都以最适合自己的方式在工作。很快，余下的经销商就明确了自己需要达到什么样的标准，而且博浪啤酒会对这些公司进行定期考核。表现最好的经销商会在博浪啤酒组织的年会上获得相应的奖励。

这个故事给予我们的重要启示是：少就是多！企业的成功不是源于单纯的数量，而是源于有质量的数量。因此，我给那家饲料企业的建议是：在前端挑选经销商时，就要设置门槛，在一个区域市场精选1~2家符合画像的经销商。经销商加入后，企业要通过驻站式服务，帮助经销商培训营销团队，教会其如何开展营销活动……最终让经销商发现，多品牌经营还不如专营一个品牌赚钱，推动优秀经销商从多品牌经营转向品牌专营。即便他们不能做到品牌专营，至少也可以为企业组建一支专属团队，专门负责销售本企业品牌。

↘ 渠道的广度设计

渠道广度是指厂家所选择的渠道的总和。

仅有少数企业渠道单一，只布局一条渠道，大多数企业通常会布局不同类型的渠道。尤其在移动互联网时代，渠道变得越来越复杂。过去渠道相对集中，如今随着用户的分化加剧，渠道也逐渐呈现多元化趋势，这就极大地拓展了渠道的广度。除了传统的线下渠道外，线上各种新渠道也层出不穷，如平台电商、社交电商、内容电商、直播带货、社区团购、各类社群、小程序、App……总而言之，企业只有通过整合不同形式的渠道，才可能触达更多的终端用户。

在设计渠道的广度时，我发现布局线上渠道和布局线下渠道的逻辑明显不同。布局线上渠道有两种方式：一是布局自己的线上渠道；二是依赖其他平台。无论是哪一种方式，其逻辑都是为了获取流量。其优势是速度快，一旦成功找到流量密码，短期之内就能完成从0到1的品牌积累。但是，一旦失去流量，又很快会衰落。这就是为什么近年来有不少品牌随着流量的更迭速生速死。

而线下渠道的布局则必须"结硬寨，打呆仗"，一步一个脚印稳扎稳打，一个网点一个网点地开拓。这种方式虽然速度比较慢，但收益稳定，业绩能稳步增长。鉴于此，每家企业都应该充分重视线下渠道。

即便是擅长线上布局的互联网企业，如果想要实现业绩的持续增长，也必须开拓线下渠道，这就是由中国多层次市场的特色所决定的。中国市场从一线城市到省会城市，再到三四线城市、乡镇市场以及农村市场，不同层次的市场中顾客的购买习惯差异极大。市场层次越往下走，渠道越分散，消费者越容易受到渠道零售商的影响。这也是像小米科技有限责任公司（简称小米）这样优秀的互联网企业，也在努力开拓线下渠道的原因。

小米联合创始人刘德曾经对小米由于忽视线下渠道而导致增长放缓做过反省。在2014年之前，小米判断整个电商会占据中国零售的一半份额，如果零售的一半都在网上解决，就不用考虑线下渠道了。刘德说："那时候我们忽视了站在更高的视野看问题，如果我们今天反思那个时候的话，肯定不会做这么愚蠢的判断，因为在世界范围内互联网销售都只占整个零售的20%。"

既然线上和线下渠道各有利弊，那么企业在设计渠道的广度时，思考渠道布局的出发点是什么呢？是终端用户。前面我们反复强调，渠道的本质是以用户为中心，为终端用户创造终身价值。因此，渠道设计的原点，是研究终端用户如何购买和使用产品。比如，有的用户喜欢在线上购买，企业就要研究如何布局线上渠道；有的用户喜欢带着孩子去终端店铺体验，那么企业就要布局线下渠道。用户去了哪里，你就要把渠道布局到哪里。

这就倒逼企业在分解目标时，要充分考虑来自不同渠道的客户。如表2-1所示，这是我所服务的一家智能家居企业的经销商门店从渠道的角度，对其月度目标的分解。从流量入口来看，该经销商除了布局线下渠道外，还将线上渠道分为自有私域渠道和互联网公域渠道。线下渠道又细分为门店拦截、自然进店、异业合作和小区团购四种成交渠道。自有私域渠道则细分为微信跟进、行业社群、老客户复购和转介绍四个渠道。此外，互联网公域渠道还布局了地图、美团大众、小红书、视频号和短视频五个渠道。接下来，该经销商再将月度目标分解到不同渠道，并为每个渠道设定相应的客户个数目标。由此可见，目标与渠道广度设计是息息相关的，理应放在一起进行综合考虑。

表2-1　按照渠道分解目标

销售渠道		目标
流量入口	成交渠道	×月渠道目标（客户个数）
线下流量	门店拦截	3
	自然进店	5
	异业合作	6
	小区团购	4
私域流量	微信跟进	6
	行业社群	5
	老客户复购	4
	转介绍	3
互联网流量	地图	3
	美团大众	4
	小红书	3
	视频号	2
	短视频	2
目标合计		50

值得注意的是，虽然企业在布局渠道时要充分考虑渠道的广度，但同时也要根据企业资源的多寡，有重点地、分层次地推进：首先集中力量布局哪些渠道？其次布局哪些渠道？最后布局哪些渠道？尤其是在企业规模还不大的情况下，最忌讳的就是资源分散、全面开花，最终导致哪个渠道都打不深、打不透。

正确的逻辑是什么呢？先注重密度，再拓展规模。

我见过不少连锁企业在布局渠道时毫无章法，只要有人愿意加盟就开放加盟，结果一共发展了不过几十家加盟商，却分布在全国十几个省份。这种打法既无法形成品牌势能，又无法形成规模效应，还会拉高企业的成本。

不久前，我在重读7-11创始人铃木敏文《零售的哲学》一书时，发现了其在渠道布局时，就解释了为什么7-11不能分散开店。

如果只想单纯地增加门店总数，极端的做法是分散开店，东京一家、神奈川县一家、琦玉县一家地在全国范围内部署加盟店。但是，为了提高小规模便利店的生产效率，不仅要在店面的布局上下功夫，提升顾客的消费兴趣，还必须提供合理有效的采购及物流制度，这样才能灵活地满足消费者的各种需求。出于上述考量，到处撒网并不可取，相比分散的"点"，连锁店更应以"面"的方式进行覆盖，在位置上毗邻现有的门店，呈网状扩展。

密集型选址的开店优势有如下三点：

- 在一定区域内，能够提高"7-11"的品牌效应，加深消费者对其的认知度。而认知度又与消费者的信任度挂钩，能够促进消费意愿。
- 当店铺集中在一定范围时，店与店之间的较短的距离能提升物流和配送的效率。不仅是送货的货车，负责向各加盟店传达总部方针并予以指导的店铺经营顾问在各店铺之间的移动时间也随之缩短，他们有更充裕的时间与店主进行探讨。
- 广告和促销宣传更见成效。店铺如果集中在同一区域，不仅能有效节约物流、人工成本，投放一次促销活动的影响力和覆盖率也变得事半功倍。

综上，密集型选址的策略具有众多优点。比起"点多线长"，一味追求覆盖全国的做法，便利店在一个目标区域内密集布点的战略更能让企业受益。

这与我在经营和辅导过程中的感悟不谋而合。虽然渠道最终要追求广度，但一定要把握好布局的节奏。在早期资源不足的情况下，企业一定要先聚焦一个原点市场，将一个原点市场做深做透，再考虑开拓另一个市场。

例如，在为今世缘酒业做大营销体系落地辅导时，我就发现其在渠道布局的思路上非常稳健：先将市场重心聚焦于做透江苏省内市场，集中优势力量，逐个突破一城一池，然后再辐射到周边省份，最后进军全国。

无独有偶，在研究中国最大的便利店连锁品牌美宜佳时，我发现它在渠道布局上也遵循同样的逻辑：始创于1997年的美宜佳，在十多年间一直深耕珠三角市场。直到2014年才走出广东，开始布局福建和湖南市场，然后才稳扎稳打地拓展至全国。由此可见，渠道布局要分轻重缓急，不要把精力和资源全部分散，而是要先选择现阶段最适合自身产品的渠道作为破局点，进行重点进攻。

具体来讲，企业应该如何选择渠道的破局点呢？在选择优先布局的原点渠道时，企业一定要考虑如何避开强势的竞争对手。博弈论告诉我们：对对手最优的策略，往往是对我方最差的策略。尤其是在与对手实力悬殊时，企业切忌与对手正面竞争，而要在渠道布局上避开对手的主流渠道。

譬如说，美宜佳走的就是一条"农村包围城市"的路线。当7-11、全家和罗森都选择把便利店开在一二线城市的写字楼、商业区和机场时，美宜佳选择将便利店开在工业区、农贸市场……在布局湖南市场时，美宜佳没有选择经济排名前三的长沙、株洲和湘潭，而是选择了相对欠发达的衡阳、益阳、娄底和郴州。在打入湖南邵阳时，美宜佳甚至没有选择在市区开店，而是把县级市当成突破口。同样，今世缘酒业一直深耕江苏省内市场，这种打法避免了与标杆对手的正面竞争，成就了一家市值700多亿元的上市酒企。

找到破局点后，企业应该如何提升渠道的质量呢？这就是下文即将要回答的问题。

大商战略：打造样板工程

↘ 先进拉动后进

通过对渠道的长度、密度和广度的思考，渠道结构就设计出来了。接下来，企业要考虑渠道建设的破局点在哪。整个渠道体系如此庞大，而企业的时间、精力和资源都是有限的。如果企业想要以最快的速度拿到成果，应该从哪里开始入手呢？如果不想清楚这个问题，企业的资源就无法聚焦。

我们常说"牵牛要牵牛鼻子"，这充分说明了抓主要矛盾的重要性。同样，要想提升渠道质量，也要先抓关键少数。因此，渠道体系不是一蹴而就的，一定要先抓主要矛盾，瞄准最关键的标杆大商。这就意味着企业要优化资源配置，聚焦培育一批标杆大商，打造样板工程，实现在根据地市场重点渠道的突破。

从我们的经验来看，一旦区域市场的标杆经销商培育成功了，整个区域市场很快就会全面开花。因为打造标杆经销商的价值不仅在于标杆经销商本身业绩的增长，更在于其会产生示范效应，撬动周边的其他经销商，用先进拉动后进。

具体来说，整个渠道战略的落地可以分为以下几个步骤：

- 在每个重点市场选择1个标杆经销商，聚焦企业所有资源，打造标杆经销商。

- 通过标杆经销商的最佳实践，输出一套可复制的标准和流程。
- 再将标准和流程快速地复制给第二批、第三批经销商。
- 在复制的过程中，根据各自区域进行迭代优化，再渗透到其他市场。
- 乘胜追击，吸引更多新经销商进入，并向其输出标准，扩大战果。

由此可见，渠道战略不是全面开花，而是有策略、有计划、分步骤来实施：先把标杆渠道做好。当然，标杆不是目的，只是手段。打造标杆的目的是输出标准。因为只有标准化，才能可复制；只有可复制，才能快速做大。

因此，标杆经销商的成功对于渠道战略的意义是一战而胜，一战定全局。本书后续的所有举措都是围绕标杆经销商来展开的，目的就是快速地将标杆树起来，让企业在投入最少资源的情况下，获得最大的战果。甚至在企业资源不足的情况下，还可以缩小标杆选择的范围，先将资源聚焦于某个标杆市场中的某个标杆经销商。只要标杆市场成功了，后续就能复制到第二个、第三个市场……因为渠道伙伴是外部合作伙伴，只有看到标杆的成功，他们才会真正发自内心地相信品牌厂家。

↘ 锁定大商：设计渠道画像

业绩目标的完成取决于两个要素：一是渠道数量，二是渠道质量。渠道设计解决的是渠道数量的问题，而大商战略本质上是要解决渠道质量的问题。在提升渠道质量时，企业不能全面开花，而是要先抓关键少数，培育标杆大商。

要想培育出标杆大商，企业的首要任务是选择对的人，选择对的基因，严把入口关。如果一开始没有瞄准目标，那么后续再怎么培育和赋能，都很难扶持出合格的标杆大商。换言之，一旦培育对象选错了，渠道战略就宣告失败了。因此，厂家首先要明确标准，梳理出标杆经销商的画像。

标杆经销商的画像应该从哪几个方面来提炼呢？企业不妨从以下三个维度来筛选。

☑ 画像1：本心——做第一的意愿度

许多企业在选择标杆经销商时，首先评估其实力如何，考察其能不能成为大商。但我始终认为，意愿度比能力更重要。因为意愿度决定了一个人对这件事情是否有长期的热情。如果企业想成为行业第一，但其经销商不想做第一，只想短期内赚快钱，甚至不惜牺牲用户利益，那企业怎么可能成为行业第一？

华润（集团）有限公司前董事长宁高宁曾经发表过一个观点："过去认为的战略起点是市场，现在认为战略的起点是价值观，是自身的一种价值诉求，即你想冒多大险，想做多大的事情，或者说你想走一个什么样的路径，这样你才有一个所谓的战略选择。"我十分赞同这个观点，只有价值观一致，目标才能一致；只有目标一致，行动才能一致；只有行动一致，结果才能一致。

因此，标杆经销商的第一个画像是"本心"——其是否具备成为第一的意愿度？

☑ 画像2：本质——做第一的能力

如果你确定某经销商有做第一的意愿度，那么接下来就可以考察其"本质"——其是否具备做第一的能力？这验证的是其实力。

怎么判断经销商的实力呢？最简单的办法就是看当下的市场排名，从高往低进行锁定式开发。譬如说，我在辅导一家建材企业开拓渠道时，首先要求招商团队必须锁定当地排名第一的经销商。如果排名第一的经销商已经与头部标杆企业建立了稳固的合作关系，那么再依次考虑第二名、第三名、第四名的经销商……一旦锁定人选，企业再通过赋能和资源倾斜，将其培养成为第一名的经销商。这就倒逼招商团队必须有狼性，因为好的经销商不是等来的，而是去市场上抢来的。

☑ 画像3：本愿——成为第一的资源投入

如果某经销商有做第一的意愿度，也有做第一的能力，那么其一定就符合要求吗？答案是否定的！企业还要评估其"本愿"——他是否舍得为成为第一投入资源。这里的资源不仅指资金，还包括时间和精力。如果他不舍得投入资金、时间和精力，那么大概率无法成为第一。

这是为什么呢？因为经营企业是成本先行。如果经销商想成为当地第一，他就要在客户和团队身上投入时间和精力，同时还要花钱建团队，发展二级网点，帮扶零售终端……当这些资源投进去了，时间和精力也用到位了，最终才会产出成果。

综上，一个标杆经销商共性的基础画像要满足"三本"：本心——做第一的意愿度；本质——做第一的能力；本愿——成为第一的资源投入。只有这三个核心问题解决了，后续才可能成为名副其实的标杆大商。

当然，每家企业的产品不同，面对的市场不同，对经销商的实力以及投入的资源强度不同，画像也会不同。因此，企业还需要根据自己的实际情况，对"三本画像"进行量化和细化。如何将"三本画像"进行量化和细化呢？这就要求企业去一线走访市场，从中提炼优秀经销商的共性特征。

在走访市场的过程中，我发现了一个特别符合"三本画像"的群体——经销商二代。不少传统经销商老板已经干了二三十年，干不动了，那他们积攒的这些资源和家底要交给谁呢？这个时候，许多优秀的经销商二代冒了出来。

在调研市场时，我访谈过不少这样的经销商二代，他们大多希望在父辈的基础上，把事业做得更大——这就是一个特别符合"本心"画像的群体。同时，由于父辈打下了很好的基础，因此他们也完全有实力成长为未来的第一名。另外，他们通常也愿意为这个目标投入资源和时间，比如说扩大业务团队规模，提升经营水平，开拓更多的网点……因此，这也是最容易筛选出标杆大商的群体。

除此之外，企业还可以从以下两个渠道提炼经销商的画像：

- 从过去合作的优秀标杆经销商中提炼。企业要分析过去合作成功的经销商有哪些特性？请注意，提炼画像时一定要分层。比如，一线城市和三线城市的标杆经销商画像可能有所差异。再比如，一级经销商和二级分销商的标杆画像也会有所不同，这些标准都需要进行分类细化。

- 从标杆对手的优秀经销商中提炼。企业还要研究标杆对手，观察对手的优秀经销商有哪些？其分别有什么特征？通过提炼对手的标杆经销商的特征，反向推导出标杆经销商的画像。

以我辅导的某建材家居企业为例，其在"三本画像"的基础上，综合以上两个渠道的标杆经销商的特征，对标杆经销商的画像进行进一步的条件细化和数字量化，最终提炼出的画像包括以下若干条：

- 意愿度极高，想做第一名
- 当地市场排名≥Top3
- 月销量≥×××万元
- 团队规模≥××人
- 店铺面积≥××平方米
- 店铺位置：位于建材市场A类位置
- 资金实力≥××万元
- 保证金：×万元
- 愿意投入资源组建团队

需要提醒的是，渠道画像切不可一刀切，需要分层设计。如果企业的渠道层级比较多，比如一家企业的渠道有三级，分别为一级经销商、二级分销商、三级零售网点，那么它至少需要设计三个层级的渠道画像。如果同一个层级区域市场的差异较大，企业甚至需要在同一个层级内再进行分层，适当调整画像要求。譬如说，针对上海的标杆经销商和武汉的标杆经销商，企业要在数字量化方面也进行调整：假设企业对上海的标杆经销商的要求是月销售额为5 000万元，对武汉的标杆经销商的要求可能要调整为3 000万元。

激活梦想：一个亿元经销商的"诞生"

当企业通过标杆经销商的画像筛选出要培育的标杆经销商，接下来，如何才能将其打造为合格的标杆大商呢？我的答案是高目标驱动。只有当标杆经销商愿意接受高目标的挑战，渠道的质量才会真正发生质变。

那如何才能让标杆经销商愿意接受高目标，并最终与总部达成目标共识呢？本节就从我辅导的真实案例入手，讲述我是如何激活一位经销商的梦想，使其立志成为亿元经销商的故事，希望对你有所启发。

2023年上半年，我走访了某建材家居品牌的经销商冀总。冀总是该建材家居品牌在河南商丘市场的一级经销商。她除了在市区经营一家门店外，还管理着3个县域的分销商。然而，近几年她的公司年销售额一直在1 000万元左右徘徊。为了找到冀总业绩无法突破的原因，我在区域经理的陪同下，前往河南商丘调研。

冀总的门店位于当地的建材批发市场。当我们走进门店时，发现这个门店大约有300平方米，却只有一个小姑娘在看店。

我们问她："你的老板在哪里？"

她答道："不知道，应该是在后面的仓库吧！"

在区域经理的指引下，我们一路寻至仓库。一眼望去，我看到了硕大的仓库里堆满了各种货物，由此能判断出这位冀总的实力不容小觑。再往里看，发现一位女士正猫着腰打扫卫生。区域经理指着她说，这就是冀总。

看到这一幕，我无奈地喊道："冀总！"

冀总转过头，说："陈老师，有失远迎！"

我开门见山地问："冀总，你怎么还亲自打扫卫生？为什么不请人打扫卫生呢？"

她笑道："陈老师，那不是要花钱吗？我们业绩不好，得控制成本啊！我只能身兼数职，一个女人干了许多男人干的事！"

我摇头道："冀总，你这样做可不行，肯定做不大！"

冀总急忙问："为什么？"

谈话间，我们来到了冀总的办公室。我没有直接解答她的困惑，而是反问道："冀总，你今年的目标定了多少？"

"1 500万元！"

"你定1 500万元的逻辑是什么？"

"我现在有1个门店和 3个分销商，我觉得最多只能达成1 500万元。"

"冀总，你这不是经营思维，而是典型的个体户思维。个体户思维和经营思维的区别在哪里？个体户思维是以始为终，有多少钱就干多少事，从资源出发来盘算自己能开几家店、进多少货。而经营思维是以终为始，一开始便想好未来的样子，然后基于未来的样子来整合资源，缺什么补什么，所以你要基于你的梦想、基于战略、基于市场来定目标。冀总，你想成为第一吗？"

"想！"

"如果你今年就要成为商丘第一，你最看好的那个标杆经销商今年定了多少目标？"

"3 000万元！"

"那你的目标就不能低于3 000万元，否则你成不了第一名。"

"可是，陈老师，这3 000万元的目标怎么完得成呢？"

"冀总，靠你一个人肯定完不成。现在你已经开发了三个分销商，这3个分销商下面有没有铺设乡镇零售网点？"

"没有！"

"冀总，目前你的队伍确实还不足以支撑3 000万元的目标。要想把这3 000万元的目标分解下去，你就要沿着两个方向思考：

一是你的销售团队人数够不够？如果没有足够的销售人员，就没有人去开发分销商；二是你的分销商铺设的零售网点数量够不够？虽然你已经有了3个分销商，但分销商下面的零售网点还没有铺，你要让他们把下面乡镇的零售网点全部铺起来。"

"陈老师，您说得对！"

"冀总，接下来你还要转变思维：从聚焦事到聚焦人。你现在把时间花在打扫卫生上面，在你弯腰的一刹那，每个动作都是成本，而这些动作根本不会为你创造任何业绩。接下来，你要把时间花在帮助你实现目标的人身上。比如，你要把时间花在招人上。人招过来以后，你还要给他们赋能，教他们如何开发分销商，如何帮助分销商开发二级零售网点……再者，你还要花时间在分销商身上，比如，从3个分销商中选择一个优秀的分销商，让其找一个人口最多的乡镇，打造一个标杆网点，把单店产值做起来，让其他零售网点和分销商看到做大的可能性……"

"陈老师，我原本的计划是自己的店达成500万元业绩，剩下3个分销商承担1 000万元业绩。如果目标调整为3 000万元，那么我应该怎么分配目标呢？"

"首先，你要把自己的团队规模扩大：现在你只有1个销售人员，应尽快再招3个销售人员。同时，除了线下销售渠道外，你还要拓展线上渠道，才有可能完成1 000万元的业绩。同样，每个分销商的业绩也要翻倍。怎么实现翻倍呢？你要帮助分销商去开拓乡镇的零售网点。如果每个分销商能开拓3~5个网点，那么其销售额翻倍应该不成问题。"

"有道理！陈老师，那我怎么保证大家都能实现翻倍呢？"

"收入=人数×人效。为什么你的业绩长期没有增长？关键在于你在人数和人效上都没有突破。你既没有培养自己的销售团队去开发更多的分销商，也没有帮助分销商和零售商提升人效。因此，如果人数上能增加2~3倍，人效上也能增加2~3倍，那么用不了两三年，你就能成为亿元级别的经销商了。为了实现这个目标，首先你要赶紧招人，这里的人既包括你的直营团队，还包括分销商及分销商团队；其次你要提升人效。怎么提升人效呢？方法有许多，比如为下面的分销商赋能，教他们如何开发终端网点，教他们培训终端店员销售你们的产品，教他们如何帮助终端策划促销活动……这就倒逼你的时间要重新分配：一半的时间要用于带自己的团队，另一半的时间要去帮助分销商发展网点，打造标杆……"

听完我的分析，冀总恍然大悟，信心倍增。做完辅导后，我又为她配置了一名驻站人员。他作为经销商的教练和顾问，会留在当地帮助冀总做以下几件事：一是为冀总的营销人员做培训，告诉他们如何开发二级网点；二是与冀总一起规划如何开发市场；三是带着冀总的分销商去开发零售网点……

冀总也果断地将重心从事转移到人身上：她组建了一支4人的销售团队，专门辅助分销商开发终端网点。在他们和分销商的共同努力下，分销商网点在乡镇覆盖率超过了50%，今年计划实现100%全覆盖。与此同时，她开始探索运营抖音渠道，也取得了不错的效果：截至2023年年底，该抖音账号全年的阅读量已经达到了700万~800万次，逐步实现线上、线下全域覆盖。

思维决定行为，行为决定结果。经过冀总大半年的运作，在年终汇报时，我欣喜地发现：冀总果然不负众望，超额完成目标，达成了3 000多万元的销售业绩，成为当地名副其实的标杆大商。更令人惊喜的是，这给了冀总极大的信心，也让她找到了目标翻倍的实现路径。

2024年，冀总给自己设定的目标是保底5 000万元，挑战6 000万元，并力争在2025年实现年营收1亿元的目标。为了完成目标，冀总继续把时间和精力花在人员方面。截至2024年5月，冀总的销售团队已经发展到了10多人。最关键的是，她的分销商在所有重要乡镇都已经铺设了零售网点。

试想一下，当这家建材企业涌现出数十个"冀总"时，那么该企业实现年营收百亿元的梦想还远吗？

由此可见，给渠道定目标最难的地方其实不在于方法，而在于渠道伙伴本身的意志力和决心——他是不是非要做第一？我经常讲，一个企业家要有企业家精神，其内核就是意志力和决心。即便前路艰险，困难重重，也要排除万难，立志做第一。

如果企业立志做第一，而下面的经销商根本没有做第一的想法，那么这家企业做第一的目标就是空中楼阁。只有渠道伙伴也明确了做第一的信念，接下来才有可能以终为始找路径、找方法。就像案例中的冀总，除了培养自己的直营团队外，还要帮助下面的分销商拓展网点，不断拓展渠道的长度、密度和广度。从这个角度看，定目标的过程也是做渠道设计的过程。这两件事本身不是孤立的，而是要放在一起来考量。

当然，最终经销商能否实现高目标，取决于企业对经销商帮扶的力度。一旦企业锁定了标杆经销商，接下来企业要做的就是聚焦资源，向标杆经销商倾斜，对标杆经销商进行深度帮扶和培育。譬如说，对于标杆经销商，在品牌传播和市场推广等方面进行资源倾斜；在其业务团队的建设方面，手把手教他们招人、育人、管人；对于其区域内的重点终端，从产品开发、陈列、日常管理、促销活动等方面给予帮扶和政策倾斜；对于其区域内的大客户资源，协助其开发和管理……总之，企业所有动作都要围绕标杆经销商来设计，所有资源都要向标杆经销商倾斜，直到将这些标杆经销商打造成真正的标杆大商。

令我欣喜的是，在辅导企业的过程中，我看到越来越多优秀的企业开始按照这个逻辑布局。以我的大营销体系落地辅导的客户郎酒集团为例，今年郎酒集团汪董事长也亲自率领团队走访市场，与核心经销商进行一对一交流沟通，其目的就是落地郎酒集团"扶好商、树大商、厂商共赢"的三商政策。

03
第三章

渠道组织：以用户
为中心重塑组织

以用户为中心：从销售型组织到赋能型组织

　　战略决定组织。当渠道战略确定下来后，组织应该如何搭建，才能支撑渠道战略？这是渠道战略落地要迈过的第一道坎。在管理和帮扶渠道的过程中，许多企业出现权责不清晰、帮扶不到位等问题，这些问题不是个案，而是系统性、结构性问题，在原有的组织架构内无解。毕竟，战略是依托组织而实现的，渠道组织是渠道战略得以落地的支撑，是企业业绩增长的底层动力。

　　从我对企业的观察来看，大多数传统企业搭建渠道组织是典型的内部导向，而非外部导向；是自我导向，而非用户导向；是赚钱导向，而非共赢导向。一个非常典型的例证是，许多企业根本没有围绕渠道的全生命周期来考虑渠道的组织建设。通常来讲，负责渠道的只有一个部门，那就是招商部。招商部的核心职能是什么？开发经销商、代理商和加盟商。这就是一个典型的销售型组织。

　　造成这种现象的症结在哪里？根源在于企业是以自我为中心来搭建组织，而不是以客户为中心来搭建组织。正因为以自我为中心，所以企业只关注直接产生效益的招商环节，而不是从终端用户出发，考虑如何挑选更好的渠道伙伴来服务终端用户，思考如何赋能渠道伙伴，指导他们更好地服务客户。而真正的以客户为中心，意味着企业要从终端用户的利益出发，来帮助渠道伙伴更好地服务客户。基于此，企业要围绕渠道全生命周期的需求来组建一个赋能型组织：在渠道开发之前，谁来负责锁定渠道画像，让企业找到能真正服务好终端用户的渠道伙伴？在渠道开发之后，谁来负责育商，为渠道赋能，助力渠道伙伴更好地服务终端用户？……毋庸置疑，组织的缺失必然会导致职能的缺失，导致渠道伙伴在开发前和开发后都无人关注，最终导致渠道伙伴无法更好地服务终端用户。从这个角度看，如果渠道组织架构不科学、不完善，那么后续渠道战略根本无法落地，因为没有部门来承接相应的赋能工作。

一个以用户为中心的赋能型渠道组织应该如何来搭建呢？我们要先从公司一号位说起。

公司一号位=第一渠道官

说起渠道，大部分企业把渠道这件事授权给下面的营销副总甚至渠道经理来负责。因为在大部分企业看来，渠道属于市场营销的一部分。如果你的企业也是这么做的，那么大概率是无法落地渠道战略的。

前文讲过，如今企业竞争的决胜性因素已经不再是产品、品牌，而是渠道。因为对于绝大部分行业而言，产品容易被模仿，而渠道不容易被复制。所以，渠道才是当下企业竞争的决胜性因素。甚至可以说，渠道力决定增长力，决定业绩增长的极限在哪里。对于企业而言，还有什么比业绩增长更重要的事情呢？因此，渠道必须上升到战略的高度。

既然渠道已经上升到战略的高度，就意味着一把手必须躬身入局。由于工作的关系，我去年走访大量优秀的标杆企业。在走访这些优秀的标杆企业时，我发现这些优秀的企业都有一个共性：老板会亲自担任第一渠道官，几乎所有企业的董事长都会亲自下场招商，亲自拜访和服务经销商。

我个人有一个体会：许多公司的渠道做不好，首先不是渠道设计的问题，也不是渠道管理的问题，更不是执行力的问题，而是老板对渠道没有足够的重视，甚至在企业规模还不大时，就把如此重要的事情授权出去。老板不重视，管理层自然也不重视。最后，企业的资源调不动，员工执行时也不卖力。

有一次，我在读一篇有关晨光文具的文章时，看到一个非常有意思的细节。

有人问晨光文具的创始人陈湖雄："晨光文具总部在进行零售赋能的过程中，是聘请了什么样的团队为他们赋能？"

陈湖雄的回答是："我亲自带队……我一般要深入到三级四级代理商，就是乡镇一级代理商，每次去都点一下货，有一些是滞销产品，帮他们整理货架，然后给他们算笔账，如果按照这样进行调整，一个月就可以多卖几万元，调整后最少有30%的提升，特别是小店。"

15年间，他亲自跑过的终端超过6万个，城市超过1 000个。最多的时候，一年250天都在跑市场。尤其是在2005年至2009年，陈湖雄每次出差7~9天，一次要跑两个省的10多个城市。

有人问他："为什么要马不停蹄地跑？"

他说："不看店，不了解生意，不知道问题出在哪里，怎么跟代理商沟通呢？"

因此，每到一个城市，他就要拉着当地的代理商一起去跑店。每跑一个店，要一个产品一个产品地数，把所有货品都拍摄下来。点完货以后，再看店面有什么问题，陈列有什么问题，产品有什么问题……跑完市场后，再坐下来和代理商开始谈：你所在的这个城市其实还有多大的增长空间，目前你还存在哪些问题，谈完以后现场形成记录。

三天之内，总部要把整理好的报告发给省级代理商，报告中包括存在哪些问题，改善的时间和标准，下次去时再对照这个报告，检查代理商是否有所改善，是否产生了效果。正是因为创始人亲自跑市场，才有了今天晨光文具1 200多名代理商及8万多个终端。

华为内部有一句话叫"运筹不在帷幄，而在沙场"。企业要将渠道战略真正落地，一定不是仅靠向团队授权，而是需要公司一号位身先士卒，躬身入局。因为只有公司一号位担任第一渠道官，率先垂范后，所有与渠道相关的管理者才会自觉下渠道，下市场。归根结底，企业就是要通过公司一号位的示范作用，真正引导其他人都"扑向"市场，把80%的时间"扑向"一线客户。在赋能渠道方面，这是一号位所带来的牵引作用。

营销一号位：建立渠道同心圆

当公司一号位躬身入局后，接下来所有事情都要交给营销一号位来统筹。然而，我发现许多营销一号位对自己的定位是错误的。我经常会问企业的营销一号位："你手底下有多少员工？"几乎所有营销一号位都只把企业的内部团队当成自己的人力。至于外部渠道伙伴，在他们眼里，那是直接客户。实际上，渠道伙伴不是客户，他们是公司的合作伙伴。

作为营销一号位，你的职责不仅仅是领导内部的正编团队，还要尽可能鼓励和支持渠道伙伴为企业的品牌建立专属团队，并将整个渠道体系中的合作伙伴，如经销商团队甚至零售商的团队都视为公司的营销力量，纳入自己的管理范畴。因为这些人都是为终端用户服务的。所以，整个渠道的组织架构应该以用户为中心来搭建。

如图3-1所示，这就是一个以用户为中心搭建的渠道同心圆组织。其中，内环是用户，中环是为用户递送价值的渠道伙伴，外环则是以服务渠道为目的而搭建的内部组织。也就是说，渠道组织搭建的逻辑是：渠道服务于用户，总部服务于渠道。最终，一切都是为了给用户创造价值。唯有如此，以用户为中心的理念才能真正贯穿于渠道组织之中。

图3-1　以用户为中心搭建的渠道同心圆组织

这也意味着：营销一号位不仅仅是公司内部的营销一号位，更是整个渠道体系的营销一号位。他要管理的人员不仅仅是公司内部的营销团队，还包括数以万计的外部渠道伙伴，甚至外部渠道伙伴才是营销团队的主力部队。因此，营销一号位的职责范畴必须突破组织的边界，将外部渠道伙伴纳入公司的管理体系，实现内外组织的融合。

如何打通内外营销团队呢？我们要分两个部分来组建：

首先，总部要扶持经销商组建企业品牌的专属分销团队。比如，我辅导的某建材企业在开发经销商时，明确要求经销商必须在半年内组建一支5~8人的专属团队，集中精力来销售其产品。如果没有这个专属团队的话，那么市场不可能真正做到精耕细作，因为商业的规律就是人在事前，没有人，一切都是虚幻的。

其次，对于相当一部分经销商而言，他们不知道如何组建团队，更不懂得如何让团队产出高绩效。这个时候，总部就要围绕经销商的全生命周期来搭建内部营销组织，做好渠道"三军建设"，保证总部能够支撑渠道伙伴为终端用户创造价值。

- 渠道开发前：组建锁商部。如果把营销类比为一场战争，锁商部是空军，主要负责锁城——锁定标杆经销商。只有瞄准战场，精准出击，才不会浪费子弹。同样，只有选对了经销商，后续所有的资源投入才有价值。

- 渠道开发中：组建招商部。当锁商部完成空军轰炸，并锁定目标渠道，招商部作为地面部队的陆军，就要马上跟进去攻城。攻城的任务是要让经销商成为你的销售伙伴，保证产品进入渠道终端，提升产品的铺市率。

- 渠道开发后：组建育商部。当招商部把渠道伙伴开发下来后，育商部就要跟上，开始对渠道伙伴进行赋能，保证产品在终端能持续动销，这个过程就是守城的过程。

如此一来，以用户为中心的整个渠道同心圆组织就搭建完成了。整个组织架构是以用户为中心来搭建。但是，企业不是直接为终端用户传递价值，而是要靠渠道伙伴来传递价值。因此，渠道组织的搭建逻辑是围绕渠道的全生命周期进行搭建：在渠道开发前，由锁商部负责锁商，锁定能够为客户创造终身价值的渠道伙伴，从源头保证客户价值不会受到损害；在渠道开发中，招商部要按照锁商部锁定的画像进行精准开发，对于招商部来说，开发的渠道越多，企业的兵力就越多；在渠道开发后，育商部要马上接手渠道伙伴进行培育，可以说，育商部比招商部更重要。因为只有为渠道伙伴赋能，帮助渠道伙伴做大，才能真正留住他们，同时吸引更有实力的渠道伙伴进行合作。所以，从锁商部到招商部到育商部，就像企业的"三军建设"，其本身就是一个完整的闭环。

渠道三军：锁商部×招商部×育商部

具体来说，渠道的"三军"应该如何来组建呢？每个部门的岗位职责有哪些？我们先从锁商部说起。

↘ 锁商部：地毯式轰炸

许多企业招商质量差，源头就在于锁商部的缺位。如果没有专门的部门来负责市场调研，锁定渠道画像，并对目标市场进行广告宣传，那么招商部开发渠道就是"乱枪打鸟"，不可能精准锁定。因此，锁商部至关重要，它就像狙击枪的准星。如果没有准星，就很难精准命中目标。

那么，锁商部是如何锁定目标渠道的呢？从本质上讲，它是通过3个步骤来锁定目标渠道。

☑ 第一步：市场调研，锁定市场与标杆

市场调研的底层逻辑可以总结为八字诀：知天知地知彼知己。

所谓知天，即调研行业，因为企业的天就是行业。在与许多企业一把手进行交流时，我发现他们甚至对行业容量都一无所

知。如果你不知道行业的蛋糕有多大，分布在不同区域市场的蛋糕有多大，那么如何对渠道进行精准布局？因此，调研行业要调研以下几个方面：

- **市场容量**：了解整个市场的蛋糕有多大？市场容量决定了企业发展的上限。
- **市场分布**：整块蛋糕分布在哪些不同区域？每个区域市场大概占比多少？不同区域市场有什么特征？
- **行业动态**：未来发展趋势如何？有哪些新的行业政策？哪些产品符合未来的发展趋势？行业中又冒出哪些新渠道？
- **行业格局**：每个区域市场的渠道结构是什么？靠哪些渠道来卖？各个渠道的市场表现如何？

所谓"知地"，即调研客户。这里的客户包括两个：一个是终端用户，包括终端用户的消费品种、口味、消费频次、消费场景、购买地点、包装要求、价格水平，以及接收信息渠道等；另一个是渠道，包括辖区内的市场分布及特点，市场内的二级分销商及终端用户情况，渠道商的采购特点及偏好，销售网络及资源能力情况，与各个厂家的合作情况及评价……

调研客户的核心是要调研客户需求。客户需求可以分为四类：共性需求（一般需求）、个性需求、隐性需求和预售需求。接下来，通过调研终端用户的四大需求，再反过来倒推渠道的四大需求。

所谓"知彼"，即调研友商。根据战略目标，企业应该要锁定哪些友商？一旦明确友商，就要进一步调研友商的市场结构、客户结构、渠道布局，以及各区域渠道伙伴的实力等。比如，该对手采用了什么样的渠道布局模式？渠道结构是怎样的？各个层级分别有多少渠道伙伴？主要的渠道伙伴在当地的市场份额占比如何？市场覆盖率是多少？再进一步调研，该企业给予渠道伙伴哪些帮扶措施？这些渠道伙伴与终端用户关系如何？终端用户的复购率和口碑如何？……

调研友商的目的是什么？确定竞争策略。通过调研友商，我们既能发现友商的优势，又能洞察友商的劣势。基于此，再进一步思考：在渠道布局上，如何与竞争对手进行较量？要避免进入哪些有风险的渠道？企业要选择哪些渠道作为破局点？在渠道赋能上，企业可以根据友商的弱点，制定哪些好的帮扶政策？……这些都要根据对手的实力来设计。如果友商的实力明显弱于我们，那么可以考虑进行正面竞争；反之，如果友商实力明显强于我们，那么在渠道布局上就要打侧翼战，避开友商的优势渠道，开辟一些新渠道。在战争中，战场的地形决定了兵力的部署；在竞争中，市场的"地形"决定了资源的配置。

最后才是"知己"，即调研自己在市场上的竞争力，包括产品、销量、价格政策、渠道网络、推广促销等方面的优劣势。针对自己的优劣势，分析自己在哪些渠道具备相对优势？是线上渠道有优势还是线下渠道有优势？是一二线城市有优势还是三四线城市更具备优势？是直营渠道有优势还是间接渠道有优势？如果你走的是间接渠道，那么你的优势是找一级渠道还是二级渠道，抑或是三级渠道？……

通过上述调研，企业就可以明确要进军哪个市场、哪个渠道，并由此锁定标杆。这里的标杆包括多个维度的标杆：

- 企业的标杆是谁？
- 竞品的标杆是谁？
- 客户标杆是谁？
- 经销商标杆是谁？分销商标杆是谁？
- 对手标杆是谁？
- ……

☑ 第二步：产品研发，充分考虑产品与渠道的适配度

通过市场调研锁定了进军的市场、渠道以及标杆后，企业就要进入第二步——产品概念研发。大多数企业在产品设计上，根本没有考虑渠道的需求。最常见的做法是厂家在全国招一帮代理商、经销商，然后让他们自行从厂家选择产品。通常是厂家有什么款就选什么款，然后下单订货。但是，如果厂家提供的产品不符合经销商的需求，那么经销商为了赚钱，大概率会再向其他品牌订货。

怎么解决这个问题呢？企业要从产品导向转向渠道导向：从"我有什么产品"转向"渠道需要什么产品，我就设计什么产品"，帮助渠道把生意做得更好。因此，正确的逻辑应该是什么？厂家要从终端用户出发，调研渠道面对的用户有什么需求，再来设计产品，这样才更容易成功。一个典型案例是虎邦辣酱。

虎邦辣酱创立于2015年，它一开始的战略是在线下渠道和老干妈拼性价比，结果发现根本"打不过"老干妈。这让它明白

要避开老干妈的线下渠道，转而进攻线上渠道。一开始，它想在线上渠道靠互联网营销把品牌做起来，也没成功。而彼时轰轰烈烈的外卖大战正在上演，这让它看到了一个绝佳的渠道——外卖渠道。

首先，外卖这个场景与辣酱特别契合，尤其是简餐，特别需要辣酱下饭；其次，消费者在点外卖时，只能选择所选店铺里的辣酱，这时候就屏蔽了竞争对手；最后，在外卖市场中，还没有任何辣酱品牌入局，这意味着一个宝贵的机会窗口。

锁定了外卖渠道后，虎邦辣酱要做的第一件事，就是按照外卖渠道的特点，重新设计产品，推出了15g和30g的小包装，刚好是一顿饭的量，被用户誉为"凑单神器"。由此可见，随着渠道的改变，用户需求也会改变。在这种情况下，企业需要根据用户的需求，对产品进行重新设计，以应对渠道的变化。

接下来的问题是：如何才能让外卖商家上架虎邦辣酱呢？

虎邦辣酱发现，许多餐饮小店一开始没有运营经验，于是，虎邦辣酱专门组建了一个运营团队，免费帮助商家运营，帮助商家下载App、注册店铺，教商家如何引流圈粉、做社群，但前提是在外卖菜单里上架虎邦辣酱。

靠着"免费运营"的服务，虎邦辣酱与许多外卖商家形成了深度绑定的关系，就这样建立了虎邦辣酱的知名度。凭借外卖渠道这个优势建立消费者对虎邦辣酱的认知后，虎邦辣酱再反杀回线上渠道，成为可以与老干妈媲美的"网红第一辣酱"。

由此可见，产品和渠道本来就是一体的，不能完全割裂开来看。尤其是中国市场参差不齐，市场层次多，地区差异性非常大，客户需求差异巨大。企业只有真正深入一线，调研终端用户的需求，才能更好地解决产品与渠道的适配度问题。

什么样的产品适合什么样的渠道？企业一定要从终端用户出发，反向为渠道设计产品。譬如，元气森林在走访一线时，发现商圈店和社区店所需要的产品矩阵是不同的。商圈店所提供的产品要符合商圈的特征，比如要有水、咖啡、碳酸饮料和功能性饮品。而对于社区店来说，由于社区里是以家庭为单位的，且一部分人喜欢囤货，这意味着元气森林就要开发大规格的产品。如果你的品牌在商圈店没有功能性产品，在社区店没有大瓶的产品，那么零售终端就必须销售别人家的产品。

因此，产品设计必须从终端用户的需求出发。以终为始来看，要想满足客户的四大需求，企业就要为不同的渠道提供不同的产品：针对用户的共性需求，企业要为渠道提供哪些大单品？针对用户的个性需求，企业要为不同的渠道提供哪些不同的产品组合？针对用户的隐性需求，企业要研发哪些新产品？……

☑ **第三步：渠道推广，锁定陆军要进攻的标杆市场**

当企业已经锁定了要进攻的市场，研发出适配的产品后，接下来就要对市场进行地毯式轰炸，这就是渠道推广的工作。渠道推广分为内部渠道推广和外部渠道推广：内部渠道推广主要是指通过App、官方微信公众号、电商平台自营店、系统通知、私域社群等进行内部转化；外部渠道推广主要是指通过搜索引擎、各类平台"大V"、应用市场、媒体广告等实现外部渠道引流。

前面我们提到：锁商部是空军，招商部是陆军。在辅导企业的过程中，我发现有些企业这两支部队没有协同起来，你常常会看到以下两种情况：

一种情况是空军耗费了许多资源轰炸完市场，结果陆军根本没有跟上。这会导致什么问题？消费者明明已经知道了这个品牌，也产生了购买欲望，却买不到这个品牌的产品。其背后的原因就是陆军没跟上，导致产品到用户的"最后一公里"没有打通。而人往往只有三分钟热度，如果他刚刚看到产品广告，有了购买的想法，却不知道去哪里买，那么他很快就会忘掉这件事。

另一种情况是陆军明明在进攻B市场，而空军迟迟没有轰炸，跑去轰炸A市场，结果导致投入的资源全部浪费掉了。曾经有一家奶粉企业多年来持续在一二线城市投放广告，每年都要花费大量的广告费用，结果后来盘点时才发现，原来购买这个品牌奶粉的宝妈基本都在三四线城市。因此，空军在轰炸市场时，一定不能乱打，而是要瞄准渠道。陆军进攻哪里，空军就轰炸哪里。

随着广告的效果日渐式微，仅仅有空中强大的广告火力还不够，在终端还必须加上强大的地推活动。因为线下渠道不仅仅是开拓网点的问题，还需要通过策划各种推广和促销活动，帮助网点"动销"。在这个过程中，锁商部就要承担一项非常重要的工作：策划各种终端门店营销活动，然后交由育商部来落地执行。因为经销商和零售商不可能像你一样了解你的产品，了解你的目标客户。所以，总部必须指导他们，给他们赋能，双方才能真正建立深度信任关系。

以奶粉品牌飞鹤为例，飞鹤每年要在全国各地的线下渠道做100万场活动，这意味着每天都要做3 000多场活动。正是海量的地推活动，才成就了这个品牌强大的渠道能力。

那为什么飞鹤要在线下渠道做大量的推广活动呢？这是由当下消费者的行为特点所决定的。如今，消费者获取资讯、品牌沟通、完成购买、分享推荐、持续复购等多种行为往往不会在一个渠道内完成。比如，许多客户在通过广告或媒体了解到品牌后，他们可能会在线下门店或线上官网咨询细节，然后通过线下门店和主题活动体验产品，最后在门店或线上商城下单。接下来，他们还会通过各种社交平台分享自己的体验。在所有用户与品牌的接触点中，都需要育商部参与策划，管理好品牌与用户的每一个接触点。

↘ 招商部：饱和式攻击

几乎所有要做渠道的企业都会组建招商部，但是，在调研企业时，我发现大多数企业的招商部都存在两个致命的错误认知。

☑ 误区1：业务线＝正编团队

企业想要赢得市场，关键还是要遵守兵力原则。只有拥有足够的兵力，才能对市场发动饱和式攻击。因此，在访问企业时，我经常会问老板和营销副总：你们有多少兵力？绝大部分人只会把自己内部的正编团队看成自己的子弟兵。其实，对于所有靠间接渠道来扩张的企业而言，你不仅仅要发展你的正编团队，与此同时，更应该发展专属团队。

什么叫专属团队？就是经销商专门为你建立一支营销团队，只销售你的产品。比如，我所服务的一家著名白酒品牌自己的正编团队有2 000多人，与此同时，它在全国市场有2 000多家经销商。假设这些经销商全部为其成立专属团队，以平均每个专属团队5~8人计算，那么这家企业的业务线就远不止2 000人，而是2万多人。

可是，经销商凭什么要为你成立专属团队呢？在走访市场的过程中，我发现许多企业最头疼的问题就是经销商"不专一"。经销商除了卖它的产品，也卖对手的产品。从我们的经验来看，要解决这个问题，只有一个方法：企业必须把经销商的专属团队纳入企业的管理中，通过管理来为其赋能，帮助经销商做大业绩。

事实上，我所辅导的好几家企业都成功地实现了这个转变：过去经销商不重视它们的产品和品牌，而现在通过为经销商赋能，让经销商看见其品牌有很好的销量，最终经销商自己就会感慨："原来我卖了那么多品牌，还不如只卖这一个品牌赚钱。"这个时候，他们主动提出做大专属团队，甚至升级为品牌的专营店。

☑ 误区2：只有业务线，没有管理线

招商部另一个常见的问题是什么？只有业务线，没有管理线。

其实，在销售管理中，业务和管理是两条平行线，管理甚至比业务更重要。由于工作的关系，我接触了大量的企业，发现所有做不大的企业都有一个共性特征——左撇子思维，只抓业务，不做管理。经营企业就好像跑马拉松：左脚是业务，右脚是管理。在刚开始创业的时候，团队规模不大，管理者可以只抓业务，用人情来代替管理。这时候相当于踮着左脚在跑步，你可以踮脚跑100米、1 000米，但你不可能踮脚跑完整场马拉松。时间长了，你必须双脚一起跑。也就是说，在人数扩张的过程中，要想避免分崩离析，就要靠抓管理，通过管理把所有人黏合在一起，让所有人朝着一个目标去努力，力出一孔。

当招商部只有业务线，没有管理线时，各战区打法不一。如果一家企业要在全国范围内布局，通常会被分为多个战区。如果各个战区没有统一的职能管理，那么各个战区必然是各自为政，各显神通。这样一来，全国很难形成一盘棋，因为大家的标准都不统一。尤其是渠道伙伴本身就是外部合作伙伴，如果厂家不能提供强有力的管理和赋能，那么更容易一盘散沙。所以，要想做到全国一盘棋，全员一杆枪，招商部的职能管理就不能缺位。

具体来说，招商部的管理线要做哪几件事呢？我把最核心的几项工作总结为"五个一工程"。我观察一家企业的营销水平在哪个层次，重点就是考察它的"五个一工程"扎实不扎实。

☑一个健全：健全招商制度和招商流程

很多企业对于经销商没有建立统一的流程制度，渠道乱象丛生：只要愿意销售产品，不管规模大小，不管是否符合画像，都可以成为企业的经销商或代理商；有些经销商为了卖货，到处串货，扰乱企业的价格体系……

这些问题的根源是什么？总部没有制定统一的规则。如果没有统一的规则，每个区域的分公司和经销商就会追求自己利益的最大化，而对公司而言，并不能达到整体效率最优。要想达到整体效率最优，总部必须健全所有招商制度和流程，不能交由招商人员随意发挥，具体应该招什么样的经销商？在哪里招商？先进攻哪里？后进攻哪里？怎么招商？……这些都要形成标准制度和标准流程。比如说，企业的渠道设计是要布局在县一级，那么就要招县级经销商。为了避免经销商自相残杀，打价格战，公司决定每个县只能招1~2人……这些都要基于企业的渠道战略和渠道设计固化为标准制度流程，否则招商人员就会"八仙过海，各显神通"，最终扰乱企业的渠道战略。

同样，企业还要针对经销商设计相关的制度流程，包括标杆经销商的选拔标准、经销商档案管理制度、返利制度、反串货制度、渠道冲突制度……让所有经销商都按照同一套规则执行，才能保证整个渠道队伍秩序井然，动作整齐划一，所有人往一个方向发力。

值得注意的是，在建章立制时最忌制度烦冗。在辅导企业时，我看到好多企业的制度动辄厚成一本书。毫无疑问，制度越厚，执行力度就越差。因为员工看都看不懂，还谈什么执行？因此，制度一定是越简单越有效。每个制度尽量不超过1~2页纸，最好用一个表格就能解释清楚，让所有人看了就知道该怎么做。

☑ **一个完善：完善晋升通道**

一个组织是否有活力，在某种程度上取决于这个组织是否予人以上升空间。如果员工和渠道伙伴发现这个组织没有上升通道，那么即便做得再好，都没有任何意义。因此，完善晋升通道对于激活员工和渠道伙伴的动力至关重要，企业必须在晋升机制上做文章。

在设计晋升通道时，许多企业只考虑内部正编团队的晋升通道。殊不知，整个渠道体系是由多个组织和个人通力合作为用户创造价值的，一旦其中某个环节丧失了动力，那么整个渠道体系就失去了动力。因此，在渠道体系的每个环节，企业都需要设计晋升通道。

首先，为了更好地服务用户，企业要为渠道伙伴的专属团队设计晋升通道。以我所辅导的一家高端智能锁品牌为例，我们在经销商门店导入了一套五星评定系统。所有转正的店员只要业绩、过程和专业达标，都可以参与五星评定。根据五星评定的规则，评到相应的星级，就可以享受对应级别的工资。同时，只要两次达到三星级以上，就可以完成专业线或管理线的晋升。在标杆经销商门店实施五星评定后，该品牌店效、人效增长超过20%，2023年公司整体业绩提升了60%，这还只是在标杆经销商门店推行五星评定后的结果。

其次，企业还要为经销商设计五星评定系统。在服务企业的过程中，最让人头疼的问题是经销商动力不足。出于长期合作的人情牵绊，厂家即便对现状不满，也不能直接淘汰现有经销商，这就导致整个经销商队伍死气沉沉。造成这个问题的原因是什么？是缺乏一套公平公正、标准透明的晋升程序。在辅导企业时，我要求每个厂家都要为经销商导入五星评定，最终经销商能否享受什么样的政策倾斜，如更多的返利、更优惠的价格、更多的帮扶政策……都由经销商自己说了算。有晋升，自然就有淘汰：那些连续两次都没有被评上星级的经销商，末几位将被淘汰，以便吸纳更优秀的渠道伙伴加入进来。事实证明，这个晋升通道极大地激发了经销商的动力，甚至让不少经销商从三心二意到一心一意，从经销众多品牌到成为品牌的专门店，这是出乎许多厂家意料之外的。

同样，对于内部营销团队，也要设计晋升通道。关于这个问题，可以参见我的《大客户战略》一书，书中对于内部营销团队如何晋升有非常翔实的阐述。

☑ 一个研发：研发《渠道秘籍》

过去我自己在带销售团队时，一定会花大量的时间和精力，组织营销高手进行多次头脑风暴，把企业内部销售高手的经验和教训汇编成册。这样做，是为了把销售高手的经验萃取出来，然后复制给其他营销成员，形成一套标准化的打法。这样一来，即便是刚刚进入公司的销售小白，也能快速上手，不必耗费大量的时间和精力去摸索和试错。

同样，除了内部正编团队外，企业也要组织渠道伙伴研发《渠道秘籍》。毕竟，直接面对用户的是渠道伙伴。目前，经销商普遍反映的问题是：招人难，留人也难。曾经有一位经销商告诉我，他的门店最头疼的问题就是流失率特别大。许多新店员招过来半年还没上手，业绩始终难以提升，自然就流失掉了。显然，这些流失的新人其实就是牺牲品。由于公司没有一套标准化的《渠道秘籍》，没有一套标准的方法论，导致他只能自己摸索。而经销商大多经营能力弱，没有意识到这个问题。因此，企业要帮助经销商解决这个问题。

当标杆经销商完成了从0到1的摸索期，接下来企业就要考虑将标杆经销商的经验教训萃取出来，编辑加工为《渠道秘籍》，完成从1到N的复制。如此一来，新手就不需要每次都回到从0到1的摸索期，而是直接复制前人的成功经验。在实践《渠道秘籍》的过程中，根据市场的变化对《渠道秘籍》进行迭代，实现从N到N+1的迭代，这个迭代永无止境。从摸索到复制，再到迭代，形成一套动态的科学营销方法论。

具体来说，渠道的《渠道秘籍》应该怎么研发呢？

首先，组建《渠道秘籍》的研发团队。《渠道秘籍》不是靠总部某个人闭门造车来研发的，而是要从真正在一线打仗的人身上萃取经验和教训，它是一线炮火下的智慧结晶。因此，研发《渠道秘籍》的团队一定来自一线，包括各个区域一线的标杆经销商，经销商的金牌员工，公司锁商部、招商部和育商部的优秀员工，营销线管理者等。这个设计的好处是角色多元，既能萃取不同区域标杆经销商的经验和教训，也能兼顾厂家的专业视角。各方相互配合，形成合力。

其次，明确《渠道秘籍》的内容。《渠道秘籍》的目的是帮助一线销售人员更好地服务用户，因此整个秘籍应该包括四个模块的知识，分别是行业知识、产品知识、销售知识和客户知识。行业知识和产品知识是每个岗位都需要掌握的，但销售知识需要分层来编制，比如招商人员面对的销售对象是经销商，那么要解决的就是如何开发经销商的问题；而经销商可能面对的是终端零售网点，那么他们要解决的是如何开发终端网点；而终端网点的专属团队直接面对客户，那么他们要解决的是如何开发终端客户……同样，客户知识也要进行分层，比如企业内部育商团队要考虑的是如何帮扶经销商，而终端店员要解决的是如何面对客户的理赔和售后服务……

最后，确定研发流程。为了保证《渠道秘籍》的实战性，我建议采取分组研发的方式。每组负责一个模块，进行头脑风暴，形成初稿后，由其他小组进行指正。然后，再回到岗位上进行实战演练。经过两个月的演练后，再进行集体头脑风暴，根据实战演练的效果，进一步打磨初稿，再组织大家进行指正。如此反复三次后，方能定稿。另外，每年还要根据一线业务的变化，对《渠道秘籍》进行更新迭代。

☑ **一个研究：研究销售策略**

销售策略是实现销售目标的具体路径。任何销售目标的达成，都离不开销售策略的支撑。没有策略支撑的目标，就相当于空中楼阁。

这里的销售策略要分为两个维度：一是帮助渠道伙伴研究对终端用户的销售策略；二是研究公司对渠道伙伴的销售策略。但是，无论是从哪个维度来看，销售策略的底层逻辑都是一样的。

根据收入公式，收入=客户数量*客户交易金额*客户交易频次。所谓客户数量，研究的是如何增加客户数，即多客；所谓客户客户交易金额，研究的是如何让客户多买一些，即多买；所谓客户交易频次，研究的是如何增加客户复购率，即多来。也就是说，企业要从用户和经销商的维度，研究多客、多买、多来的策略。

今天大多数企业在研究销售策略时，主要是从客户数量的角度来思考，然而实际上，企业要实现业绩增长，可以从三个维度来研究销售策略：如何将客户数量增长10%？如何将客户交易金额增长10%？如何将客户的交易频次增长10%？最终，收入就可以增长33%。在辅导企业时，经常有人告诉我这三个指标都增长10%太容易达成了，他们可以做到三个指标各增长25%。如果真的能做到三个指标各增长25%，那么业绩就可以翻一倍。这个研究销售策略的过程，就是帮助渠道伙伴一起找到业绩增长的路径和方法。

☑ 一个管理：作战地图×三查系统

接下来，销售策略要转化为具体的作战地图。假设某经销商要完成业绩翻番的目标，那么业绩目标应该怎么达成？企业要辅导每个经销商设计出自己的作战地图。这个作战地图包括：要达成这个目标，你要把产品卖给谁？谁来卖？卖什么？怎么卖？没卖好怎么办？也就是说，整个业绩目标要拆解到具体客户、员工、产品、动作以及奖惩机制。有了这个清晰的作战地图，公司才明确自己的目标应该如何达成，员工才清楚，每天应该去开发谁？怎么开发？一切都如玻璃般透明。

公司有公司的作战地图，经销商有经销商的作战地图，员工也有员工的作战地图。整个作战地图的底层逻辑是一样的，只是个人的作战地图是根据公司的作战地图进行分解和细化而得来的。

作战地图设计出来后，员工有没有按照这个设计好的地图执行呢？企业还要设计好三查系统，包括执行员工自查，看看自己是否偏离作战地图？管理者检查，检查员工的动作执行是否到位？最后由公司督导进行抽查（经销商下面的专属团队可以由经销商老板兼任督导，进行抽查），以防止管理者不作为。与此同时，还能及时对那些走偏的作战队伍进行纠偏。

这"五个一工程"就是招商部锤炼作战能力必须做的五件事，也是招商部"长根"的过程。这就如同竹子的成长一般，先要用3年长根系。一旦破土，向上生长就势不可挡。竹子在前四年只长了3厘米，从第五年开始，以每天约30厘米的速度迅速生长，六周时间就能长15米。然而，今天的企业最大的毛病就是急于求成，不愿意扎扎实实地夯实"五个一工程"，只想要快速拓展经销商的数量。殊不知，这不过是倒因为果——如果没有发达的根系，哪里来的花和果？

↘ 育商部：闪电式扩张

由于工作的关系，我走访相当一部分代理商、加盟商和经销商类型的企业。我发现优秀企业与普通企业最大的差异之处，不在于他们的招商能力，而在于他们的育商能力。也就是说，优秀企业的认知与普通企业不同，优秀企业认为育商比招商更重要。只要育商这件事做好了，经销商做大了，自然就能吸引更好的经销商进行合作，企业就会越做越大，这是一个正向循环。相反，即便你花了再大力气招商，如果育商能力跟不上，那么这些经销商照样留不住。

那为什么中小企业不重视育商呢？因为在它们的认知中，只有招商部才是创造利润的部门，而招商后的服务都是成本。这个定位大错特错，招商不是终点，而是起点，是为用户创造价值的起点。如果你没有帮助渠道伙伴为客户创造价值，那么最终经销商就拿不到客户给予的奖励，最终还是会流失。因此，育商部最重要的任务是要把招商部开发进来的渠道伙伴守住，让渠道伙伴与公司共同成长，一起做大。

近年来，随着市场竞争白热化，有些企业可能也隐隐约约意识到了为渠道伙伴赋能的重要性，于是，它们要求招商专员除了开发经销商外，还要为经销商提供帮扶。但是，这个做法又会将企业引入另外两个大坑。

首先，招商专员既要负责攻城，又要负责守城，这就违反了分工的逻辑，会导致效率很低。因为攻城者和守城者的画像不同：攻城者必须具备狼性；而守城者则要具备耐性。工作职责不同：攻城者的工作职责是开发渠道伙伴，要求开发能力强；而守城者的职责是为渠道伙伴赋能，要求其具备培训能力、运营能力、规划能力……如果要求二者同时具备这两种能力，那么对于人才的要求过高，很难找到合适的人。这个时候就必须依靠组织的力量来取长补短，让其各展所长，有狼性的人专门负责攻城，有耐性的人专门负责守城，最终让一群平凡的人做出不平凡的事情。这是从生产力的角度来考虑这种做法的合理性。

其次，我们还可以从人性的角度来探讨这种行为的危害。从我的观察来看，如果让一位招商专员既负责攻城，又负责守城，那么，大概率很快他就会丧失狼性，守着自己开发的经销商过日子。因为人性本懒，如果他发现自己守着几位老经销商日子也能过得非常舒服，那他就没有动力再去开发新经销商。长此以往，他就会丧失狼性。招商专员的天职就是开发经销商，如果最优秀的士兵都不上战场，那谁来帮你开疆拓土，开发更多的经销商？

更要命的是，如果招商专员与经销商打得火热，那么还可能出现沆瀣一气、损害公司利益的情况。20多年前，我刚刚担任一家摩托车品牌的销售总经理时，就遇到了一个棘手的问题：在与公司的一位大商交流的过程中，这位经销商不小心说漏了嘴：当地的分公司经理拿着公司的工资，却在帮别的品牌卖车。

原来，这位分公司经理常用的手段就是请客、吃饭、拉关系，再加上公司对经销商没有严格筛选，只要愿意卖公司的产品，公司就发货。这就导致经销商素质良莠不齐，根本没有任何黏性。谁和他们关系好，他们就卖谁家的货。长此以往，经销商就变成了分公司经理的私有财产，二者沆瀣一气，合伙利用手中的资源卖竞争对手的产品。换句话说，招商专员在前端拼命开发新经销商，后面老经销商却又被撬走。如果不把这个漏洞给堵住，就有可能激发出一部分人的恶念。

经此一事，我反思自己作为销售总经理，在组织架构的设计上出了问题。如果我只是让招商专员一个人去面对经销商，那么随着二者私交越来越好，就会面临这个风险。只有让多个人共同来面对经销商，他们才会感觉到是一个组织在服务他，而不是招商专员一个人在服务他。

考虑到复合型人才难找，我决定把攻城的部门和守城的部门分开：招商部只需要开发经销商就行了。一旦经销商被开发下来，育商部就马上接手，负责为经销商赋能，帮助经销商培养团队，开发二级网点，辅助他们在终端组织各类营销活动……让专业的人做专业的事。

那么，育商部应该如何来组建呢？同样，育商部也要分为两条线：一条是业务线，另一条是管理线。业务线的职能是为标杆经销商提供驻站式的陪跑服务。具体企业应该如何进行驻站式陪跑，后续会有专门的章节进行详细的阐述。这里重点要介绍管理线的三大职能。只有夯实管理线的三大职能，业务线才能更好地为渠道伙伴提供育商服务。

☑ 渠道的数智化管理

随着企业越来越关注生态，今天越来越多的优秀企业已经从内部管理信息化转向了面向外部渠道伙伴和消费者的数智化。

全球最大的连锁便利店品牌7-11为其连锁店打造了庞大、高效、集约的赋能体系，能够实现对几万家门店进行统一管理，就是基于其背后高效的IT系统、供应链体系、顾客管理体系……通过这些系统，7-11总部可以全天实时收集旗下门店的销售数据，并把收集到的数据在20分钟之内进行数据处理，再将结果反馈给店铺。这些处理结果可以帮助店铺调整销售价格、备货方案，以及确定促销折扣方案……

7-11的创始人铃木敏文说："掌握市场信息的人将控制全产业链，即便你拥有店铺，拥有卖场，持有生产设备和物流设施，拥有充足的人手，但是如果你不知道该卖什么，不知道该怎么卖，不知道该什么时间卖，不知道该卖给谁，不知道该如何提高产值，那即便是万事俱备，也是白搭。"

因此，7-11的数据不仅用于自身，还在整个产业链上成千上万的伙伴企业中共享。这就是7-11能够打通产业链，进行产业链的分工协作，提高产业经营效率的底层原因。贯穿全链条的数字化系统，为7-11构建"低摩擦产业共同体"打下了最为坚实的基础。

无独有偶，从2017年起，中国最大的连锁店美宜佳也开始构建三大智能化核心服务平台：

- 供应链数字平台：以数据推动生产端对消费者需求的定制满足。基于门店以及消费者的数据，再通过对该数据的分析和洞察，反推至生产端，为面向消费者进行商品定制、淘汰等服务的策略提供平台。

- 门店智能经营平台：以数据指导门店的"千店千面"运营能力。它是一个以数据指导门店的经营平台，也是根据门店的商圈特征、销售特征，给客户画像，以及对整个环境的数据进行沉淀，进而反推指导门店日常经营决策的平台。比如商品的结构，怎么上架、调价、报货，怎么出箱、陈列，现场服务如何优化等，通过智能化推荐提供给门店，从而实现千店千面。

- 消费者精准服务平台：以精准数据洞察推动的千人千面营销服务能力。它是一个以精准洞察来实现千人千面营销服务的平台，通过对门店数据以及销售数据的沉淀和分析洞察，再借助智能推荐系统，把信息直接传达到消费者，从而实现千店千面。

这与我在走访企业的体会是一致的，我看到不少行业标杆企业已经基于现有的渠道体系，打造了一套从制造商、经销商、分销商、门店到终端消费者的数字化闭环渠道链。这个数字化闭环渠道链的价值有两个：一是为了实现渠道体系内所有参与者的高效协同，它相当于把所有渠道伙伴都纳入了管理的范畴；二是为了记录和持续跟踪终端用户的需求，进而快速响应用户的变化，以便后续实现精准营销，提供更加满足用户需求的产品和服务。因为这些用户数据是企业的核心资产，能指导企业做好用户精细化运营，从而实现用户终身价值的增长。

这套数智化系统会带来哪些价值呢？我们可以从以下三个视角来分析。

站在企业的视角，过去，企业只能看到经销商的下单数据，并不知道经销商把货卖给了哪些下游分销商和零售门店，也不知道哪些消费者买了多少。现在，只要用户在消费时扫码，用户的身份信息和购买行为数据就会留存下来。这些数据可以帮助企业和经销商为终端用户提供精准营销和更好的消费体验。

站在经销商的视角，数智化系统也为他们带来很多好处：一方面，过去许多经销商最怕品牌厂家强行压货，而渠道数据回流后，厂家能准确掌握终端销售的情况，根据库存及时调整供货量，以防止经销商出现过多的库存；另一方面，这个系统还能帮助经销商管理他们的团队，它相当于为经销商打造了一套（客户关系管理（Customer Relationship Management，CRM）系统，过去经销商团队是否去拜访了零售商，这些都没有留痕，而现在系统会提醒经销商，某个店铺已经15天未进行拜访……

站在终端零售商的视角，数智化系统能够帮助他们更好地经营门店，过去门店只能坐等客户上门，服务周围1公里的客户。现在，通过打通线下线上渠道，结合社群营销和私域等手段，打破原有的时空限制，服务周围3公里的客户。同时，客户可以直接从线上下单，更加便利地享受企业的服务……

由此可见，数智化系统是一个革命性的工具，对于渠道的精准服务、销售人员效率的提升等都有重要作用。因此，未来数智化系统一定会普遍应用于各行各业。这套系统应该交给谁来管理呢？许多企业把这套数智化系统交由IT信息部门管理，导致这套系统只起到了采集数据的作用，没有更好地赋能渠道，也没有更好地服务好终端用户。实际上，育商部才是渠道伙伴的管理部门，因此，这套数智化系统应该交由育商部来管理，以便于其发挥出更大的价值。

☑ 渠道维护分析管理

育商部的第二个职能是对渠道进行维护分析管理，定期做自检。

在走访企业时，我发现许多企业对于渠道伙伴的实际情况一无所知，其实经销商早就不想和品牌合作了，发货量直线下降。许多经销商甚至有一半的门店都沦为了僵尸门店，然而厂家却毫不知情。为了避免类似的悲剧发生，育商部每个月还要对整个渠道动态进行数据分析，及时提交渠道经营月报。

在这份月报中，首先要分析经销商的业绩情况：在过去一个月内，哪些经销商业绩上升了？哪些经销商业绩在下降？哪些经销商出现了异动？业绩结果是经销商对厂家满意度的"晴雨表"，反映了企业对经销商的管理质量。与此同时，还要分析经销商的网点开拓情况：各个区域经销商本月分别开拓了哪些网点？为了开拓这些网点，团队是否增加了新人？……

尤其要重点分析标杆经销商的运营情况：标杆经销商出现了哪些投诉？哪些竞争对手在抢夺我们的标杆经销商？当前我们与竞品在经销商业绩的占比是上升还是下降？本月经销商是否引进了竞品？……如果经销商从多品牌经营逐渐转向专门销售我们的产品，那说明经销商维护效果很好。相反，如果我们的产品销售占比还在下降，那就要马上召集相关部门开会，分析经销商出现异动的原因，研究应对策略。如果是因为产品不适配当前渠道，那么锁商部要重新研发产品及产品组合；如果是因为经销商维护不到位，那么育商部就要及时地针对经销商的痛点进行帮扶……

同样，经销商也要对自己的终端客户和零售门店进行"月活分析"，如果门店月活有下降趋势，就要对门店进行逐项分析：到底是终端的促销活动不能打动消费者？还是自己的营销团队在一线拜访的帮扶动作没有做到位？……

☑ 为渠道伙伴健全相关的流程制度

育商部的第三个职能是为渠道伙伴健全相关的流程制度。

在走访一线市场时，我发现许多企业最为基础的下单、受理、查询、投诉、理赔、仲裁这6个基础制度流程都没有建好。许多终端用户出现了问题，想要投诉，结果投诉无门，经销商把问题推给厂家，厂家也不愿意承担售后责任，结果最终伤害的是用户对品牌的信任。

因此，育商部首先要把下单、受理、查询、投诉、理赔、仲裁这6个最基础的流程制度完善起来，保证所有问题的责权利清晰明确，哪些问题直接由分销商解决，哪些问题由经销商解决，哪些问题交给总部来解决，以保证全国一盘棋……企业要把解决这些问题的最佳实践，通过建章建制的方式固化下来，最好能把这些内容编写成《育商宝典》，对相关岗位员工进行培训。

至此，锁商部、招商部和育商部的岗位职责就梳理清楚了。从我在一线的观察来看，今天大部分企业的渠道组织是不健全的。大多数企业只建立了招商部的业务线，既没有专门的锁商部，也没有育商部。即便是招商部，也缺乏基础的职能管理线。组织发育不全，必然会导致渠道战略在开发前和开发后无人承接，这也是大多数企业的渠道很难越做越好的原因所在。

↳ 每周复盘：三军协同

营销组织分工之后，还必须有协作，才能保证分工的效率。那么，这三大部门如何进行协作，才能形成一体化关系？这就要靠一号位来组织部门沟通会。如果公司规模不大，公司一号位必须亲自下场。如果公司规模很大，至少也要由营销一号位来主持。

一般来说，企业每周都需要召开一次三大部门沟通会。会上，三大部门要复盘过去一周企业在选商、招商和育商环节有什么战果？出现了哪些问题？哪些经销商已经锁定，要交给招商部来开发？哪些经销商已经开发下来了，需要交接给育商部？育商部在服务过程中，出现了哪些产品不适配渠道的问题？通过每周的战果汇报、问题盘点和工作对接，让三大部门同步渠道目前的情况，同时协调三个部门之间的协作关系。

不要小看这个动作。许多企业就是因为缺少了这个动作，导致这三个部门各自为战。招商部自行开发，结果开发进来的人根本不符合画像；招商部好不容易开发进来一些大商，结果开发进来后，却没有人维护；渠道伙伴向总部传达了终端用户对产品的投诉，却没有部门来改进产品和服务……

　　要解决这些问题，企业必须让三大部门了解各自的定位。

　　锁商部是空军，通过市场调研、产品研发来锁定标杆经销商，接下来通过品牌推广来进行地毯式轰炸；招商部是陆军，在目标明确后，精准开发经销商，确保企业在渠道端拥有足够的兵力对终端市场进行饱和式攻击；育商部是海军，在与渠道伙伴建立合作后，育商部要通过驻站式陪跑，来帮助渠道伙伴更好地服务终端用户。当终端用户满意后，一方面，终端用户会复购；另一方面，终端用户还会为企业转介绍新用户，实现用户的裂变，这就是企业实现闪电式扩张最好的方式。

　　更重要的是，在服务终端用户的过程中，用户的新需求会被挖掘出来。接下来，新需求会被传导回锁商部，指导市场部研发更加匹配用户需求的产品，为招商部提供更加明确的方向，帮助其开发更多的经销商……最终，又进入一个新的正向循环。在这个正向循环的过程中，终端用户的需求会被前置到产品研发之前，通过海陆空三个部门的循环，让终端用户参与到了产品研发的过程中，帮助企业研发出更符合终端用户需求的产品和服务。这个过程就是需求链管理，产品是需求链管理的结果。只有三大部门联合作战，才能保证企业的产品和服务始终与终端用户的需求不背离，通过不断迭代产品和服务，更好地为用户创造价值，这也是海陆空三军联合作战最大的价值。

构建渠道自治组织：加盟商委员会

除了在公司内部建立渠道组织外，企业还可以引导渠道商建立自治组织。绝味食品股份有限公司（简称绝味）就是一个非常值得学习的样本。绝味的连锁体系中99%都是加盟门店，它一共拥有3 000多家加盟商，其中近半数加盟商与绝味的合作已经超过十年。那么，绝味是如何管理好数千家加盟商的呢？

这首先源于绝味对总部与加盟商之间的关系定位。绝味认为，总部和加盟商之间必须是命运共同体，绝味将双方的关系总结为——共创、共生、共赢。品牌方始终将加盟商视为伙伴和朋友，努力满足加盟商的需求；加盟商也要不断努力，在实现自身价值的同时，为品牌方贡献力量。

可是，加盟商是外人，怎么能让外人愿意把绝味当成自家生意来经营呢？绝味想到了一个绝妙的办法：成立了"加盟商委员会"（简称加委会）。

为什么要成立加委会？2012年，当绝味的加盟商发展到4 000多家时，管理层突然意识到，按照这个节奏，当绝味发展到1万多家加盟商时，意味着将有1万多家加盟商需要管理。这无疑是一个巨大的挑战。更重要的是，在管理加盟商的过程中，绝味发现一些加盟商的问题往往藏在水面之下，管理层很难发现。而当时大多数加盟商和绝味之间的信任感也并不强。

基于上述原因，绝味推出了加委会这一管理机制，加委会是由加盟商参照"企业宪政"建立的自治管理机构。加委会一共有11名委员，由1名会长、1名副会长、1名秘书长、8名委员组成。这些委员都是从各片区选举产生，每个片区的每家加盟商都有选举权。经过绝味管理加盟商的子公司确认后，选举产生的人员就获得参加加盟商大会的资格，在加盟商大会上参加竞选演讲。演讲竞选后，再由加盟商大会全体以无记名投票方式选出11名委员。

自2012年至今，绝味的加委会已经形成涵盖全国总会、片区委员会、省级分委会及战区委员会四级组织，在全国划出了116个战区。最高级的加盟商委员可以参与公司的核心讨论，而最下沉的加盟商委员可以管理和指导战区内的门店。

加委会的职责是什么呢？其主要职责包括以下几个：

- 支持帮助：负责加盟商的选址、装修、技能培训、促销宣传等。
- 监督约束：在门店运营管理过程中，会采用定期、不定期的巡访、核检及辅导的形式，考评加盟商作为续约或闭店的标准，保证公司食品安全质量和品牌形象。
- 沟通激励：加委会负责组织经验交流，定期举办加盟商论坛，旨在加强加盟商之间的经验交流、资源共享以及加盟商与公司的沟通，并将加盟商在业务过程中遇到的问题反馈给公司。

也就是说，加委会有权召集例会，对加盟商进行资源共享、经验交流和监督保障。加委会每月会通报检查结果，平时随时回复加盟商的意见和建议。在例会上，向全体加盟商解读公司政策和进行市场分析。加委会的存在解决了公司与加盟商之间的信任问题，也减轻了公司对加盟商管理的负担，为加盟商人员、货品质量提供了保障。

作为回报，只要管理做得好，加委们就能从绝味拿到不同等级的进货价格。对于那些想要加盟绝味开新店的人，也不需要找公司了，直接去找加委们申请即可，从而进入加委们的收益体系。表现优异的加委还可以享受被公司送去新加坡、中国香港进修的奖励政策。

绝味的加委会形式也是值得企业探索的一种模式，加委会能够更好地链接和打通总部和加盟商的关系，将一线的问题及时反馈给总部，并承担一部分的赋能和帮扶工作。目前，在我辅导的一部分企业中，已经出现了由标杆经销商担任经销商队长，再由经销商队长来帮扶其他经销商的自治组织，旨在建立一个总部与经销商、经销商与经销商之间的互动、互助平台。当厂家与经销商、经销商与经销商之间有了互动、互助平台后，就可以更好地收集经销商的意见，完善总部的管理和帮扶政策，最终实现厂家与经销商的共同成长，营造一种积极向上、互帮互助的良好氛围。

04

第四章

渠道开发：
作战地图

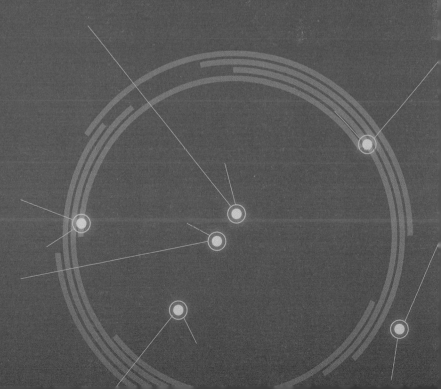

作战地图＝"四卖"系统

不久前，一位优秀的销售总监向我倾诉苦衷："陈老师，我们公司今年空降了一位高管，为了快速出成绩，他把全年的销售目标翻番了，这也可以理解。问题是什么？他什么动作都没做，更没有给出任何目标翻番的思路。结果，团队内部人人都倍感泄气，因为完全看不到业绩目标完成的可能性，也不知道如何做才能达到这位高管的要求。"这是一种非常典型的误区。

许多高管把定目标当成"压担子"，只要结果，不管过程。但是，如果没有让销售人员看到清晰的达标路径，那么这个目标压根就不可能真正授权下去。因为目标设定不是一个数字游戏，而是要画出详细的作战地图。只有下目标的人和执行目标的人对作战地图达成了共识，这个目标才算是真正地被执行者所接受了。

从我对中国民营中小企业的观察来看，这个问题一直是一个被忽略的"重灾区"。很多企业只顾一头一尾：老板只负责下达指标，至于怎么完成就不管了，到了年底直接要结果，完不成就追责。但是，如果只有指标的分解，没有对打法的研究，没有对过程的追踪和辅导，最后就会发现很难达成预期目标。

《孙子兵法》有云："胜兵先胜而后求战，败兵先战而后求胜。"作战地图就是一次推演如何打胜仗、如何完成目标的过程。如果在作战地图中都推演不出胜利，推演不出达成目标的可能性，那么这个目标本身就值得怀疑。

如何才能把目标分解为作战地图呢？在本章中，我们将阐述作战地图的底层逻辑，然后，再将不同企业的案例深入到不同的场景中，看看B端渠道以及C端渠道终端的作战地图应该如何设计。

销售作战地图的底层逻辑是什么？简单来说，销售是指团队（直营团队和渠道伙伴）把产品卖给客户的过程。要想实现资源配置最优化，企业必须对团队、产品和客户这三个关键要素进行分类和精准匹配。因此，作战地图本质上就是要找到资源配置的最优路径：把目标分解到团队（内部团队和外部渠道）、客户、产品，并根据不同的团队、不同的客户、不同的产品，设计相应的有效动作、动作量化指标，以及考核标准。因此，一张完整的作战地图包括以下若干个关键节点。

↘ 谁来卖：团队分层分类管理

假设今年企业要完成50亿元的销售业绩，那么究竟应当交给哪些团队来进行销售呢？我们要把这个指标分解到不同的人头上。当然，这个指标的分解不可能简单地平分。许多企业就是按照人头来摊，有多少人就摊多少业绩。但在实际经营过程中，团队与团队、人与人之间是有差异的。有些团队能力强，有些团队能力弱，不能简单地"一刀切"。因此，在思考由谁来卖的过程中，首先要根据最终用户进行细分，对团队进行分层分类。

举个例子：假设这家企业的营销团队由100个经销商组成，其中5A级经销商5个，4A级经销商10个，3A级经销商20个，2A级经销商30个，A级经销商35个。那么，每个类别的经销商分别要承担多少业绩呢？同样，对于经销商的内部团队，也要进行分层分类：销售总监卖多少？销售经理卖多少？老销售人员和新销售人员分别卖多少？由于专业能级不同，在分解目标时，要承担的责任就不同，必须进行分层分类管理。

上半年，一位在马来西亚开律师事务所的企业家和我交流时提到：这个分层对他有很大的触动。这家律师事务所针对不同的客户群体，提供不同类型的服务。但遗憾的是，他们没有对律师团队进行分层，结果许多新进来的律师也会向客户提供复杂的解决方案。但实际上，这些新律师的专业能力不足以支撑他向客户提供方案，这就导致客户对这家律师事务所的专业能力产生了质疑。

由此可见，分层分类管理的价值是什么？其价值在于避免人才资源和客户资源的浪费，把每一类人才放在合适的位置上，既不能让"小马拉大车"，也不能让"大马拉小车"，将每一类人的价值发挥到极致。这里考验的是管理者能否知人善任，最大限度地利用不同团队的优势，把合适的人放在合适的位置上。这让我想起多年前，我在北京大学学习历史时，教授给我们展示了一张照片，照片中的是戚家军的鸳鸯阵。看到这个阵法的时候，我突然发现它背后的逻辑与营销管理的逻辑高度契合。

1555年，我国的东南沿海地区经常遭到倭寇的侵扰。当时有一支50~70人组成的贼寇团队在登陆后深入腹地，一路杀人越货，如入无人之境，甚至打到了安徽境内，一路死伤民众甚至高达4 000人之多。

为了解决倭寇问题，戚继光选择在当地组织一支新型军队，招揽新兵。可是，新兵最大的问题是经验不足，那些训练有素的士兵尚且被倭寇屡屡挫败，若靠单打独斗的话，这些新兵更是难以对抗作战能力较强且拥有精良武器的倭寇。

怎么解决这个问题呢？戚继光想到一个办法：把12个人编为一组，组成鸳鸯阵。12个人各司其职：一个队长作为统领，进行指挥调度，队长负责全方位察看敌情，告诉队员敌方的位置，并且根据战局实情，随时变换和调整鸳鸯阵的阵形；一个负责做饭的伙夫；4个长枪手是攻击的主力；在他们的前方，还有4个士兵，右边的士兵手持大型的长方五角形藤牌，负责稳住队伍的阵脚，左方士兵持小型圆形藤牌，匍匐前进，并投出标枪，引诱敌军离开有利的位置；如果引诱成功，后面的两名士兵就以狼筅，即连枝带叶的大毛竹，把敌人扫倒在地，长枪兵紧随其后，一跃而上将敌人刺伤；最后两个镗钯手在最外侧迂回掩护，必要时进行支援。到了战争后期，戚继光又增加了两名鸟铳手，负责远程杀伤和近战替补。

过去，军队更加重视的是个人武艺，因此军队招的多是各地的拳师、打手、盐枭等，直到被倭寇打得节节败退之时，大家才发现，战斗的成败绝不取决于个人武艺的高低。因此，戚继光在训练这支新军时，更注重的是团队的协同配合。事实证明，这12个人形成一个有机的整体，屡屡成功地击溃倭寇，也为抗倭战争的胜利立下了汗马功劳。

企业的经营逻辑也是一样的，想打胜仗不能靠每个人单打独斗，团队成员应该学会分工协作，让不同能级的人去开发不同能级的客户，卖不同的产品。比如，销售总监要专门负责面对大客户，卖的是一站式组合方案；销售经理可能面对的是中型客户，卖的是个性化产品……只有让不同类别的人面对不同的客户，才能真正将每个人的价值发挥到最大化。

↘ 卖给谁：客户分层分类管理

当对销售队伍进行分层分类后，接下来我们就要明确：每一类人要卖给谁？这就是对客户进行分层分类管理的过程。譬如，新员工只能服务新客户或者小客户；老员工服务老客户或者中客户；主管才可以开发大客户。这样做的目的，是让好资源向好客户倾斜。

在思考卖给谁这个问题时，企业要将客户进行分层分类管理：哪些是大客户？哪些是中客户？哪些是小客户？企业要根据自己的实际情况，进行量化分类。举个例子，一家企业将年消费额在100万元以上的客户定义为大客户，由主管亲自服务；将年消费额在50万~100万元的客户定义为中客户，由老销售人员进行服务；把年消费额在50万元以下的客户定义为小客户，由新员工服务。

客户分类越精准，企业配置资源的效率就越高。那么，如何对客户进行分层分类呢？由于每家企业的特性不同，分类的逻辑也各不相同。以我的经验来看，可以从多个维度对客户进行综合评估，如收入、净利润、人效、诚信度及复杂度等，按照不同的权重来评估客户价值。

↘ 卖什么：产品分层分类管理

卖什么是由客户需求决定的。不同渠道的客户需求不同，卖的产品就不同。因此，在思考"卖什么"这个关键环节，企业一定要考虑产品与渠道的适配度。

譬如说，有些企业会对城市进行分级：北上广深是一级渠道，省会城市是二级渠道，三四线城市是三级渠道……根据不同渠道的购买力，不同市场消费者的特点，厂家需要针对这些渠道的特点来调整产品和服务，甚至是门店模型。

再比如，同样是卖牛奶饮品，社区店需要家庭装牛奶，写字楼的便利店则只适合小包装，而在KTV这样的特殊渠道，则可以卖价格更贵的新口味……因此，企业必须对产品进行分层分类管理，明确各个产品的品类到底要卖到哪些渠道？卖到哪些商圈？卖到哪些网点？

与此同时，许多聪明的经销商和零售商也在研究其客户需要什么，并根据客户的需求，要求总部为其提供适销对路的产品。

这就回到前面的组织架构，我曾提及市场部的一个重要职能是研发产品概念。许多企业最大的问题就是只有一个标准产品，没有能满足不同级别客户的个性化产品、组合产品、各项增值服务及一站式解决方案等。而标准产品通常是同质化的，你能卖，对手也能卖，这时候企业就会陷入同质化竞争。

怎么解决这个问题呢？最好的办法就是要根据不同的渠道客户，设计企业的产品矩阵：除标准产品外，企业还要针对客户的个性化需求，设计个性化产品；针对大客户的需求，设计各类产品组合。标准产品销售难度比较低，可以交给普通员工去销售；个性化产品则相对复杂，可以交给店长去销售；而组合产品及一站式解决方案销售难度更大，可以交给更高级别的主管去销售。

我辅导过一家中医养生馆连锁品牌，这家企业过去只销售普通的膏方制剂，经过我的辅导，它的产品矩阵中除了普通的膏方制剂外，还增加了私人医生上门服务会员卡以及家庭终身服务保健卡。这三类产品面对的客户级别不同，销售难度不同，需要配置的销售人员就不同。门店导医只销售一些普通的膏方制剂，但馆长就不一样了，他们必须上门拜访客户，销售私人医生上门服务会员卡。对于省区总经理，要求就更高了，他们销售的是家庭终身服务保健卡，此外，还要负责谈异业联盟合作。

因此，无论是团队、客户还是产品，在管理时切忌"一刀切"，一定要有分层分类的思维：只有确保团队、客户和产品高度匹配，企业的效率才会更高，产出才会更大。尤其在设计渠道作战地图时，要充分考虑标准化与个性化之间的矛盾。因为中国市场幅员辽阔，各地市场差异性很大。以食品类为例，有些地区吃辣，有些地区不吃辣；有些地区对某些口味有偏好，而有些地区则完全不能接受。所以，在设计渠道作战地图时，一定要根据渠道的不同需求匹配产品。

↘ 怎么卖：有效动作设计的7项原则

不同团队面对的客户不同，销售的产品不同，销售动作自然就不一样。在作战地图的设计中，最大的难点在于：如何找到"怎么卖"的有效动作？我曾经提出过一个业绩公式：业绩=有效动作×动作频次。只有找到有效动作，并把有效动作的频次做到位，业绩目标自然就能够达成了。

如何才能找到有效动作呢？我在实践中总结出有效动作设计的7条原则。

☑ 原则1：动作要结合公司的战略目标

企业首先要评估你所选择的有效动作能否支撑业绩目标达成？如果企业设计的销售动作不能支撑销售目标的达成，那么这个销售动作就是不合格的。

譬如说，如果企业未来的目标是年销售额实现100亿元人民币，那就意味着企业必须培育出一批年销售额上亿元的经销商。那么，要开发这个体量的经销商，简单的销售拜访就很难达成这个战略目标。这个时候，有效动作可能就变成了举办营销活动，将邀约这些大商来参加营销活动作为有效动作。

这告诉我们什么道理？企业一定要围绕业绩抓管理，围绕结果抓经营。无论选择哪个动作，都不能脱离业绩结果。即便这个动作再好，只要无法带来业绩结果，无法完成战略目标，那么这个动作就是不合格的。

☑ 原则2：动作要有创新性，可以阶段性调整

市场是动态变化的，今天的有效动作也许三个月后就不奏效了。因为当所有人都在使用同一套动作时，很快就会失去效果。《孙子兵法》有云："兵无常势，水无常形。能因敌变化而取胜者，谓之神。"因此，为了应对市场的变化，在设计有效动作时，一定要考虑创新性。如何确保动作有创新性呢？这就要求企业一号位和销售管理者必须躬身入局，下到一线去体验和洞察客户的变化，感受对手的变化。只有下到一线，才能真正了解一线，发现那些创新性的有效动作。

当然，随着竞争对手的跟进和模仿，创新性动作的效用可能会衰减。为了确保有效动作的创新性，企业可以在不同的阶段调整有效动作，比如上个季度考核的有效动作是社群营销，下个季度考核的有效动作是门店直播。动作设计的有效性，体现出管理者的水平以及其对一线市场的熟悉程度。动作设计越有效，管理者的水平越高。

☑ 原则3：选择1~2个"牛鼻子"动作，不要超过3个

在动作设计上，贵精不贵多。因为每个动作都是成本，所以企业要想高效，就必须取一舍九，找到最关键的1~2个"牛鼻子"动作，最好不要超过3个。

有些企业最大的问题就是贪多嚼不烂，一下子考核十几个动作，结果哪个动作都没有做透。为什么有效动作要少？因为考核的有效动作过多，执行者就会无所适从，最后就只能钻空子，结果每个动作都执行不到位。所以，大部分组织内耗严重、执行力弱，都是因为有效动作不简单、不明确。只有动作极简，成果才能极大。

☑ 原则4：动作能留痕

所有不能够留下痕迹的动作都不是好动作。无法留痕，就无法管理。比如，发传单这个动作算不算有效动作？不算！因为这类动作无法留痕，管理者就无法判断员工有没有做这个动作。一旦无法判断，就无法进行管理。因此，有效动作必须做到关键节点能留痕。

☑ 原则5：动作要与客户有关

销售的目的是打动客户，因此，这个动作必须与客户有接触点。换句话说，这个动作必须对成交客户产生直接价值，否则不视为有效动作。比如，企业内部培训、开会等，可能对成交客户有间接价值，与客户没有接触点，就不能视为有效动作。

☑ 原则6：这个动作必须是"主动动作"，而非"被动动作"

商业有两种形态：一种叫坐商，一种叫行商。许多人存在一个严重的认知误区：坐商就是被动等客上门，只有行商才会主动出击。但是，在今天这个存量竞争的时代，坐商也要从"等待型经营"转为"进攻型经营"。要做到这一点，第一步就要将"被动动作"调整为"主动动作"。

什么叫"被动动作"呢？以门店接待为例，客户进门以后，店员上前接待，不管客户是否成交，一次门店接待就算完成了，这就是典型的"被动动作"。

什么叫"主动动作"呢？同样是门店接待，门店销售可以主动引导客户加入企业微信社群，将客户引流到私域社群，为之后的私域营销打基础。如果更加主动一些，门店型企业甚至还要走出去，选择异业联盟、大客户上门开发、线上直播……

☑ 原则7：动作要备注好关键词

在设计有效动作时，必须清晰备注好关键词。备注关键词的目的，是要明确动作的质量标准，保证动作能够被执行到位。

譬如说，同样是线上直播，如果只有几个人观看，就很难产生业绩。因此，企业对有效动作的标准定义要清晰：比如从时间维度，定义直播时长不低于2小时；从参与人数维度，参与人次不低于300人；从转化率维度，成交业绩不低于10万元。因此，任何一个有效动作都要备注好关键词。这是许多企业最容易忽略的一条原则。如果没有定义好动作的质量，那么执行时就会走样。

按照上面7项原则，各个岗位都可以从现有的动作中，筛选出1~2个有效动作。

↘ 动作量化：测试有效动作的频次

前文提到一个公式：业绩=有效动作×动作频次。当企业为每个人匹配了有效动作后，还要对动作的数量进行科学的量化。

量化看似容易，但是，要保证量化的科学性很难。在确定有效动作的量化时，管理者首先可以根据历史数据进行倒推。假设一名新销售人员每月要完成10万元的销售目标，而他所服务的客户群体平均客单价为1万元，这意味着他每月必须成交10个客户。而根据公司历史数据，新销售人员平均每拜访5个客户，才可以成交1个客户。这就意味着该销售每月必须至少要完成50个有效拜访，才可能完成业绩目标。接下来，我们把50个有效拜访分解到4周，每周至少要完成12个有效拜访。平均到每天，新销售人员要完成两个有效拜访。

这个数字是否合理呢？我们不能一锤定音，还要经过测试。在实践的过程中，我发现有些管理者为了保险起见，喜欢把量化的数字定得很高，结果员工根本完不成，最后为了应付考核，导致动作变形，有效动作变成了无效动作。同样，如果量化的数字定低了，与客户接触频次不够，又无法输出业绩结果。因此，量化动作最好的办法就是测试。通过一个季度或者半年的试运行，不断测试如何量化能拿到更好的结果。

↘ 机制保障：考核机制与考核周期

虽然作战地图已经规定了有效动作的数量，但是，如果员工完不成怎么办呢？这时候就需要机制来保障。这个机制如何来设计呢？它包括两个维度：一是考核机制的设计，二是考核周期的设计。

所谓考核机制，即岗位的动作量化以后，就要严格按照量化标准进行考核。如果动作没有完成，那么每一次要赞助多少钱（对于不愿意罚款的企业，也可以用积分制管理来替代，比如每少一个动作扣多少分）。譬如，销售人员少一个电话赞助10块钱，少一个陌生拜访赞助20块钱，主管少一次营销活动赞助200块钱。很多企业以为，做到这一步就算完成了，但我要告诉你，只做到这一步是无效的。对于赞助一点儿钱，员工根本没什么感觉。因为我们还没有触及员工的根本利益。

员工的根本利益是什么？是晋升和薪酬。企业只有将作战地图与晋升、薪酬结合起来，才会真正对员工有所触动。所以，在作战地图中设置赞助金额，不是为了罚钱，而是为了将作战地图的执行结果作为后续五星评定的一个重要指标。在后续的五星评定中，我们可以将钱数换算为分数，计算出过程得分，这个过程得分将影响员工的晋升和薪酬。

归根结底，考核不是目的，目的是什么呢？是敦促销售人员重视销售过程。只有管理好过程，才能输出好结果。然而，在实际经营中，许多经销商对于销售人员的销售过程不进行管理，只看业绩。但是，业绩是结果，如果没有对过程的管理，结果就是不可控的。

接下来，考核周期应该如何来设计呢？许多企业之所以出现销售人员"放羊"的问题，根源就在于考核周期太长。在调研企业的过程中，我发现凡是采用月考核的企业，员工一定会超级"放羊"。

比如，我辅导过一家化肥企业，这家企业要求销售人员每个月要拜访20个经销商。为什么要求20个经销商呢？营销副总设想的是销售人员每周拜访5位经销商，那么一个月正好是20位经销商，结果出现什么现象？许多销售人员每月前三周就完成20个经销商的拜访任务，然后最后一周留给自己自由支配。一旦销售人员拥有大量可自由支配的时间，就很容易出现"放羊"现象。因此，我给这家企业的建议就是将月考核改为周考核。如此一来，即便每周销售人员用4天完成了5个拜访，但他们很难把每周剩下的一天连成完整的一周，"放羊"的可能性就大大降低了。因此，在设计考核周期时，我坚决反对企业采用月考核，要么采用日考核，要么采用周考核。

哪些企业适合采用周考核呢？哪些企业适合采用日考核呢？按照我的经验，所有销售服务型企业分为两类：一类叫"早出晚归型"，一类叫"周出月归型"。所谓"早出晚归型"，就是员工早上出门，晚上就能回来。比如，不需要出差的门店型企业，或者只需要出短差的企业都属于此类。对于员工周一出去，一周后甚至一个月后才回来的，这叫作"周出月归型"，一般面对大客户的项目制企业都是这种类型。

为什么要做这种区分？因为这两类企业的考核机制是不一样的："早出晚归型"的企业，员工必须进行日汇报、日考核，即员工每日进行口头或书面汇报，早上确定目标，中午核对目标，晚上查看结果；而"周出月归型"的企业，员工是日汇报、周考核。即使员工在坐飞机，也要给领导发个短信。同样，考核不能以月或半月为周期，最好以周为单位考核最佳。考核周期一长，就极易出现"放羊"现象。

汇报和考核的目的，是防止员工走偏。企业最怕的是目标定好了，一群人冲上去了，结果团队四分五裂，各打各的，而通过日汇报机制，就能及时把走散的人拉回队伍。

以上就是作战地图思考的基本框架。按照这个思考框架，总部可以设计出总部层面的作战地图。同样，经销商也可以设计出经销商的作战地图。以此类推，各个销售小团队甚至个人也可以设计出属于自己的作战地图。如此一来，整个战略目标就被分解到渠道体系中每个人头上，这些作战地图本质上就是公司目标达成的战略地图。

有了作战地图，管理者也有了管理的抓手。只需要检查作战地图是否有效执行，就能判断员工的目标能否达成，可能遇到了哪些障碍，并针对性地给予指导。

同样，对于基层销售人员来说，作战地图也非常有价值。过去，许多人对于每天应该干什么非常茫然，而通过作战地图的梳理，可以明确自己应该开发哪些客户、卖什么产品、有效动作是什么，这个过程能够有效地培养员工的"三性"：计划性、日常性和习惯性。

下文，我们将通过对两个实际案例的解析，来阐述在不同的实战场景下，渠道体系应该如何设计属于自己的作战地图。

TO B实战案例：某食品企业的渠道作战地图

标杆经销商的目标定了，企业帮扶渠道伙伴的组织分工也明确了，接下来要解决的问题是：企业应该如何来完成自己的目标呢？这个时候，企业就要画出作战地图，通过作战地图找到达标路径，明确组织中的每个人应该做什么。

只有把每个岗位的作战地图画出来，才能统一达标路径，保证所有人力出一孔，都在围绕公司的总目标而行动。否则，每个经销商、每个小经营单元、每个人都各自为战，难以形成合力。

接下来，我们就用一个真实案例，来阐述TO B类型的企业是如何设计渠道作战地图的。

2002年，××食品集团起源于湖北荆州，成为某乳业品牌在湖北荆州区域的经销商。2014年开始进军湖南，历经近10年的奋斗，逐渐将总部旗下一个大单品子品牌扩展到全国25个省份，成为该子品牌的全国总代理。2023年底，该企业取得了总部的授权，升级为该子品牌的品牌运营商，发展成为一家集销售、工厂、品牌、资本运营于一体的现代化大型综合食品企业。

那么，这家企业是如何凭借一个大单品，实现年销售额超过30亿元，年销售量超过4亿盒的呢？这家企业的成功，离不开其独特的分销模式和庞大的渠道团队。

这家企业的创始人是一对夫妻，他们带着一帮亲朋好友一起创业。来到湖南市场后，这帮亲朋好友每人分管一个大区，在大区内发展经销商，经销商再往下发展分销商和站点。也就是说，该企业的渠道结构为总部—大区—经销商—分销商/站点。

为了激励渠道，该企业在每个省选择几位优秀的经销商，共同成立分公司，分公司的一号位也由优秀经销商担任。迄今为止，该企业的渠道团队已经超过1万人，销售终端网点超过30万个。

集团设定的五年计划是在2028年成为一家销售额达百亿元的公司。为了完成这个目标，按照每年平均增长35%来计算，该企业2024年要完成40亿元的销售目标。那么，这家企业如何才能完成40亿元的年度销售目标呢？我辅导他们设计出渠道作战地图。简单来说，整个作战地图可以总结为"四卖"系统。

☑ 谁来卖

这40亿元的销售目标靠谁来完成呢？我们首先要对该企业的销售团队进行分类。简单来讲，该企业的营销团队包括以下四类人：

- 促销员：促销员是专门针对头部餐饮企业进行驻场的销售人员。

- 专属业务员：专属业务员是经销商专门针对厂家品牌而招聘的销售人员，专门负责开发空白网点。

- 站长和分销商：站长和分销商都是由经销商开发和管理。那么，站点和分销商有什么区别呢？站点是有自己的门店，而分销商则没有门店，直接向餐饮渠道铺货。

- 经销商：经销商则专门开发头部餐饮网点或者特殊渠道。

最终，企业要将40亿元的销售目标分解到每类人的头上。当然，每类人面对的市场不同，位置不同，承担的责任和指标也完全不同。譬如说，一个促销员一年可能只需要完成20万元的销售目标，而一个站长一年却能完成100万元的销售目标。因此，在设计渠道作战地图时，首先要对整个生态内的营销团队进行分层分类。

☑ 卖给谁

接下来，每类人要把产品卖给谁？企业要把各个渠道面对的客户盘点出来。不同渠道的客户有不同的特点，有的渠道面对的是B端客户，有的渠道面对的是C端客户；有的渠道面对的是大客户，有的渠道面对的是小客户……不同的渠道特性，决定了渠道客户开发的难度不同，因此我们要把客户进行分类，把不同开发难度的客户交给不同专业能级的团队去开发。

以案例中的企业为例，促销员要面对的是头部餐饮企业，专属业务员要面对的是空白网点，站长和分销商面对的是餐饮渠道，而经销商面对的是餐饮渠道和特殊渠道……这样做的目的，是明确每个岗位应该服务哪些客户。

☑ 卖什么

当你明确把产品卖给谁后，接下来就可以适配相应的产品。

针对不同渠道的消费群体、不同的终端及不同的市场定位，企业要根据不同渠道的特性，对产品进行升级。譬如说，案例中企业向头部餐饮企业提供的是常规的老产品，而针对KTV等特殊渠道，就会根据这个渠道的用户特点，对老产品的口味、包装大小等进行升级，使产品更加符合KTV渠道用户的特点。

通常来讲，老产品的客户认知度高，销售起来比较容易；而升级过的新品刚刚进入市场，还比较难卖。因此，企业要根据不同团队的专业能级、不同的渠道特点，将目标分拆到不同的产品身上，并明确每类人应该卖什么产品。

基于这个逻辑，这家企业对产品进行了分层分类：促销员在面对头部餐饮品牌时，主要销售经典的老产品；专属业务员面对的是空白网点，既可以销售新品，也可以销售老产品；而站长和分销商面对的是餐饮客户，只能销售老产品……

☑ 怎么卖

前面的"三卖"——谁来卖、卖给谁、卖什么解决的是资源配置的问题，要让团队、客户和产品——匹配，避免出现资源错配的情形。比如，在不适合的渠道销售不匹配的产品，或者让专业能级比较低的团队去销售难度高的产品，这都是对资源的一种浪费。

当这三种资源放在正确的位置后，接下来就要拆解：要达成销售目标，那么成交这类客户的有效动作是什么？这是整个作战地图中最难的部分。面对的客户不同，有效动作肯定会有差异。比如，案例企业中的促销员在开发头部餐饮渠道时，只考核一个有效动作——驻厂，而专属业务员在开发空白网点时，"牛鼻子"动作就变成了考核网点数……因此，针对不同的渠道，有效动作可能是不同的。

☑ 动作量化

为了保证"牛鼻子"动作最终能带来业绩成果，企业还必须对"牛鼻子"动作进行科学的量化。没有科学的量化，管理者就无法判断有效动作是否做到位，能否产出结果。

以案例企业的促销员为例，要想开发头部餐饮渠道，企业要对促销员的有效动作"驻厂"进行科学量化，比如每周驻厂不少于5天；同样，对于专属业务员，企业也要对空白网点开发进行量化，比如每周不少于3家……为了保证有效动作量化科学，企业需要反复测试。

☑ 考核机制&考核周期

人性的本质是趋利避害。因此，任何动作的落地都需要有奖惩机制来保障。而大多数企业最大的失误是把渠道伙伴当成客户，因此对他们的团队只奖不罚。殊不知，当人缺少约束时，人性中消极的一面就会被释放出来，比如懒惰、贪婪、急功近利……因此，为了保证有效动作能被执行到位，企业还必须设定考核机制以及考核周期。

譬如说，本来总部对促销员的要求是每周驻厂不低于5天，那么一旦驻厂少一天，应该赞助多少钱？同样，专属业务员每少开发一个网点，需要赞助多少钱？……

除了考核机制外，企业还需要设置考核周期。一般来说，我们建议考核周期要短，比如每周或每日进行考核。案例中的企业，采用的就是周考核的方式。

某食品集团的渠道作战地图（部分），如表4-1所示。

表4-1　某食品集团的渠道作战地图（部分）

谁来卖	卖给谁	卖什么	怎么卖	动作量化	成果考核机制	考核周期
促销员	头部餐饮企业	老产品	驻场	打卡要求：每周驻场打卡不低于____天 销量要求：每周店销不低于____瓶	打卡少一天赞助____元 销售未达成赞助____元	周
专属业务员	空白网点	新品/老产品	网点数	县级市场： 每周新开____家网点 地级市场： 每周新开____家网点	每周少一家赞助____元	周
站长/分销商	餐饮渠道	老产品	网点铺市率	餐饮渠道：周铺市率____% 流通渠道：周铺市率____%	少一家赞助____元	周
经销商	餐饮渠道/特殊渠道	新品/老产品	头部餐饮网点	开发：每周开发____家	每周少一家赞助____元	周

通过这6个步骤的分解，企业就能提取出渠道作战地图的6个关键节点：团队、产品、客户、有效动作、量化、考核及考核周期。

当然，这还只是公司层面的作战地图。接下来，这个作战地图还可以纵向逐级分解到渠道中的各个层级。以案例企业为例，该公司的渠道层级可以分为总部—大区—经销商—分销商/站长—促销员。除了公司层面的渠道作战地图外，所有层级都要细化出自己的作战地图：大区总经理要做自己所辖的大区作战地图，经销商要做自己所辖区域的经销商作战地图，分销商要做分销商作战地图，促销员也要设计出属于促销员的作战地图，进而保证渠道体系中的最小单元也能输出自己的作战地图，同时确保目标承接的一致性，保证所有人都是向同一个目标发起冲锋，劲儿往一处使，所有动作都能形成合力。

TO C实战案例：某家居品牌经销商终端门店的作战地图

上文分享的是一家TO B类型的企业是如何设计渠道作战地图的。接下来，我们再来分享一家TO C端企业的案例。该案例是我去年辅导的一家建材家居企业，在其所属细分行业内，该品牌凭借出色的产品力和品牌力，在高端市场的销售额遥遥领先，连续10年稳居第一，持续领跑高端市场。然而，随着越来越多的大企业进入这个赛道，企业的增长逐渐放缓，因此该企业创始人希望能够加快在渠道端的布局，提升渠道质量。

那么，这家企业的渠道是如何布局的呢？总部在每个县找一位经销商，再由经销商自己开设品牌专卖店，直接面对终端用户。相对而言，这家企业的渠道比较扁平，管控起来相对容易。问题出在哪里？过去这家企业对于经销商终端门店只下达了目标，没有对达标路径进行推演，自然也没有清晰的作战地图，导致门店导购只能各凭本事，业绩很不稳定。在调研走访完数十家经销商的终端门店后，我提出当务之急是辅导标杆经销商设计终端门店的作战地图。

☑ 谁来卖

既然是作战地图，那么首先要明确作战人员有哪些，这是设计作战地图的起点，也是许多经销商最容易忽略的一个动作。

效率来自分工。只有分类管理才能实现更加精确的分工，进而提升销售人员的效率，最终提升终端门店的单店业绩。在这个案例中，经销商的销售团队可以分为四类人：新特种兵导购、老特种兵导购、店长和主管。不同类别的人要承担的业绩目标不同，服务的客户不同，产品分类不同，销售动作不同，量化指标不同，考核标准及考核周期都各不相同……

经常有企业抱怨战略落不了地，其根本原因就是公司没有把战略目标转化为员工的目标。这些企业就应该向案例企业学习，将目标拆解到以上四类人头上：新特种兵导购要完成多少业绩？老特种兵导购要完成多少业绩？店长要完成多少业绩？主管要完成多少业绩？只有把业绩分解到人，才能真正实现人人头上有指标。

☑ 卖给谁

员工需要进行分层分类管理，客户也要进行分层分类管理。对客户分层分类，是为了让销售人员将更多的精力放在能创造更大价值的客户身上。

然而，门店型企业属于坐商，大多数门店的销售人员只会被动等待顾客上门，更不会对客户进行分类管理。但实际上，企业应该对客户进行区别对待。因为在终端门店中，最大的资源是销售人员的时间。销售人员专业能级越高，产出的业绩越高，他的时间就越宝贵。如何用好他们的时间，保证所有销售人员能产出最大的价值？企业必须对客户进行分层分级，然后针对不同客户的类别，选择性地投入资源。

那么，案例中的企业是如何对客户进行分层分类的呢？如表4-2所示，表格中的备注一行，定义出了客户分层分类的标准：

- 3A客户：自然进店、拦截进店客户。
- 4A客户：已购买客户。
- 5A客户：企业单位/异业品牌/团购客户。

然后，再根据不同销售人员的专业能级，进行精准匹配：新特种兵导购负责服务3A客户，老特种兵导购和店长负责服务3A和4A客户，主管则专门负责服务5A客户。对客户进行分层分类后，下一步可以匹配相应的产品、销售动作以及服务标准。因此，对客户进行分层分类是门店投入资源的前提。

☑ 卖什么

通过对不同客户进行分层分类，企业就可以分析出不同客户的需求，再根据不同客户的需求来匹配不同的产品。

比如，案例企业中针对3A客户，只销售标准产品；针对4A客户，除销售标准产品外，还会销售个性产品+服务；针对5A客户，则不再销售标准产品和个性产品，转而销售方案包、组合产品+服务。

表4-2 经销商终端门店的作战地图

谁来卖	卖多少/万元	卖给谁	卖什么	怎么卖	量化	考核	考核周期
新特种兵导购	10	3A客户	标准产品	1.加客户微信 2.朋友圈/抖音/小红书/视频号转发 3.微信跟进进客户	1.3个/天 2.1条/天/平台 3.3个/天	1.少1个/10元 2.少1条/10元 3.少1条/10元	天
老特种兵导购	20	3A/4A客户	标准产品/个性产品+服务	1.加客户微信 2.朋友圈/抖音/小红书/视频号转发 3.微信跟进进客户	1.5个/天 2.1条/天/平台 3.5条/天	1.少1个/15元 2.少1条/15元 3.少1条/15元	天
店长	30	3A/4A客户	标准产品/个性产品+服务	1.组织一场门店促销 2.加客户微信	1.2场/月 2.5个/天	1.少一场/200元 2.少一个/20元	1.月 2.天
主管	40	5A客户	方案包/组合产品+服务	1.与客户洽谈合作方案 2.策划并举办小月度动销活动	1.1次/季度 2.1次/月	1.少一次/1000元 2.少一次/500元	1.季度 2.月

续表

谁来卖	卖多少/万元	卖给谁	卖什么	怎么卖	量化	考核	考核周期
备注		1.3A客户：自然进店、拦截进店客户 2.4A客户：已购买客户 3.5A客户：企业单位/异业品牌/团购客户	1.标准产品：单品 个性产品+服务 2.根据客户情况定制最佳产品，N对1服务 3.组合产品+服务：智能化解决方案	1.拦截加客户微信：成功添加微信，并填写《进店客户跟进表》 2.新零售平台转发：按公司提供的文案进行转发并反馈截图 3.微信有效跟进：客户有3条以上的微信反馈 4.组织一场动销活动：有活动方案，到场40人以上，添加微信30人以上，销量15套以上 5.合作方案：定义标准、完成合同签署 6.月度动销活动： ①门店氛围布置：100%，照片反馈； ②活动知晓率：100%； ③输出活动总结复盘报告：发现不足、改善办法			

☑ **怎么卖**

每类销售人员面对的客户类别不同，要完成的业绩目标不同，选择的有效动作也不同。

譬如说，新老特种兵导购的有效动作有三个：一是加客户微信；二是在朋友圈、抖音、小红书、视频号上转发；三是微信跟进客户。店长的有效动作与新老特种兵导购就有所区别：除了加客户微信外，店长还要组织门店促销。而主管面对的是5A客户，销售的是方案包、组合产品+服务，因此他的有效动作则完全不同于其他人：一是与客户洽谈合作方案；二是策划并举办月度动销活动。

在落地作战地图的过程中，经常有企业向我反馈同一个问题：它们设计的有效动作没有带来预期的业绩。这是为什么呢？因为企业只设计了动作，没有定义有效动作的质量标准。关于这个问题，案例企业的做法就非常值得学习。

如表4-2所示，为了保证每个有效动作的质量，备注中要清晰填写每个动作的质量标准。比如，微信有效跟进的质量标准是什么？客户要有3条以上的微信反馈。再比如，组织一场动销活动的质量标准是什么？企业在这个动作上设计了4个关键节点标准：提交活动方案、到场40人以上、添加微信30人以上、销量15套以上。请注意，这个动作的质量标准定义当中，既包含了过程性指标，如提交活动方案、到场40人以上，添加微信30人以上，还定义了结果性指标，如销量15套以上。如此一来，过程性指标保证销售人员能将每个动作执行到位，而结果性指标保证最终能产出业绩，这才能算是一个真正的有效动作。

☑ **动作量化**

备注中填写的是每一个动作的质量标准，而动作量化定义的是动作的数量标准。如果用数学公式来表示，业绩=有效动作质量×有效动作数量。那么，要完成业绩目标，需要做多少个有效动作？

这个问题不能拍脑袋决策，需要企业通过试运行，从实践中寻找答案。如果动作量化过多，销售人员根本完不成，执行时就会敷衍了事，导致动作变形，无法产出业绩结果；如果动作量化过少，又很难完成目标。因此，这个度如何把握？需要管理者在一线反复测试，并寻找最科学的答案。

回到案例中的企业，这家企业的经销商对于终端门店的动作量化也非常有意思：虽然新特种兵导购和老特种兵导购的有效动作都有加微信，但量化则考虑到二者的能级不同，新特种兵导购加微信的动作量化为每天3个，而老特种兵导购则要求每天5个。这就说明他们在量化的过程中，充分考虑到不同能级销售人员的能力。

☑ **考核及考核周期**

在设计考核机制时，案例企业对不同类别的销售人员考核力度也进行了区分：同样是加微信这个动作，新特种兵导购每少一个动作赞助10元，老特种兵导购每少一个动作赞助15元，而店长每少一个动作赞助20元。由此可见，在考核机制的设计方面，专业能级越高的员工，公司对其的过程考核越严格。

通过以上两个案例的讲解，我们可以看到不同类型的企业是如何输出作战地图的。本质上，作战地图是业绩达成的路径。无论是公司、部门，还是个人都要通过作战地图找到自己的达标路径。

在实际经营的过程中，我发现许多企业开拓的渠道越多，就越容易出现"八仙过海，各显神通"的情况，每个区域市场的打法都不统一，这就造成总部很难管理。这意味着什么？总部缺少对经销商的职能管理，没有为其提炼一套统一的打法，没有提供一套标准的作战地图模板。

当然，渠道在落地的过程中，也不能完全照搬。虽然总部提供了一个标准模板，但不同的市场还需要进行差异化调整，这是由中国市场的复杂性所决定的。2023年，我连续走访了10多个省份的100多个城市，其中有像上海这样的超一线城市，也有江浙这样的多中心市场，省内多个城市都发展得相当不错；还有像山东这样的双中心市场；也有像四川这样成都一家独大，同时省内川东和川西市场差异很大……通过走访调研，我发现由于市场不同，那么总部在具体的渠道布局、开发策略、促销策略等渠道战术和打法上，都存在着巨大的差异性。

因此，经销商在落地作战地图的过程中，既要考虑总部提供的标准模板，也要认识并把握本地市场的差异性，因地制宜，根据本地市场的特点进行调整。即便在同一个市场区域内，经销商也要适当分区域、分门店、分新老市场、分新老产品等进行适度调整。

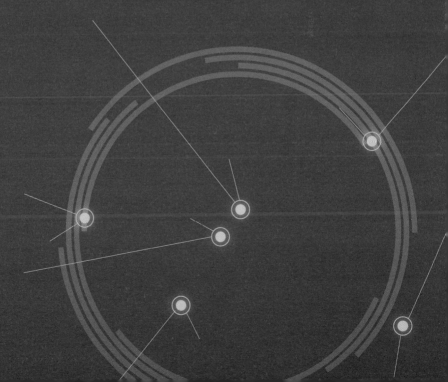

第五章

渠道管理：达标路上的纠偏系统

三查系统=三重纠偏

通过作战地图的推演，渠道的达标路径就设计出来了。如果每个渠道伙伴都能按照作战地图执行，那么目标达成就容易了。但现实情况是，当一支大部队往前走时，很难做到不偏不倚。这就好比一支作战部队在行军的过程中，一定会发生各种意外：有人走偏了，有人掉队了，有人摔倒了，有人没跟上……怎么办呢？企业要对渠道进行管理，随时随地反复纠偏。既要盯着作战地图的执行进度，又要在出现问题时，迅速帮助团队解决问题，确保大部队能整齐划一地予以执行。

企业应该如何设计纠偏机制，才能保证大部队整齐划一呢？我们在经验中摸索出来的一套纠偏机制叫"三查系统"。所谓"三查"，即自查、检查和抽查。三查系统相当于为作战地图的落地开了三重保险。

- 自查是什么？自查的目的是自省，这就好比所有小方阵成员在行军的途中自己检查，确保自己没有走偏。因此，它是一种愿力。
- 检查是什么？检查的目的是及时发现问题，了解现状，同时给予团队帮扶和支持，这就相当于这个小方阵的队长不断检查整个小方阵成员是否走偏，它是一种推力。

- 抽查是什么？抽查的目的是发现共性的障碍和问题，并及时把问题变成课题，为团队清除达标的路障，它是一种抓力。

具体来说，三查系统应该分别由谁来实施呢？通过哪些方式来落地呢？接下来我们将逐一来指导渠道应该如何落地三查系统。

员工自查

要保证作战地图落地，所有正编团队和专属团队每天都要进行自查，对照个人作战地图中的有效动作，自查是否按照作战地图的要求予以执行？动作的数量和质量是否达到了作战地图中的要求。譬如说，如果作战地图中的有效动作是每天进行两个有效拜访，那么需要确认自己是否完成了对两个客户的拜访？

如何自查有效动作是否完成了呢？员工每天只需要花上三五分钟，填写自查的专用表格《客户沟通记录表》。如果有条件，企业不妨将这个表格纳入CRM系统，以便所有正编团队以及专属团队成员在CRM系统中填写。

请注意，《客户沟通记录表》中的动作要与作战地图中的动作保持一致。如表5-1所示，这是某经销商的销售团队所填写的《客户沟通记录表》。从这份表格中可以看到，该销售人员的有效动作是每天两个有效拜访。那么，如何自查动作是否做到

表5-1 《客户沟通记录表》

填表人：　　　　　　　　入司时间：　　　　　　　　归属团队：　　　　　　　　战队组长：

沟通日期	序号	客户分类	客户属性	公司简称	姓名	职务	手机	方式（电话/拜访）	沟通结果	是否有意向	下一步计划
	1	5A客户	老客户	万华	王**	总经理	1364528****	拜访	有购买组合方案的需求	有意向	根据客户核心需求，做产品组合方案
	2	4A客户	新客户	东庭	李**	董事长	1392368****	拜访	有购买新产品的需求	有意向	邀约参加新品发布会
	3										
	4										
	5										
	6										

检查日期：　　　　　　　检查人签名：　　　　　　特种兵教官签名：　　　　　　营销负责人签名：

位呢？只需要在当日拜访后，在CRM系统中填写拜访结果。通过填写这张表，他就可以自查以下事项是否符合作战地图中的要求：

- 从客户数量判断有效动作数量是否完成。这里填写了两个客户的数量信息，代表有效动作的数量已经达成。
- 从客户分类判断是否符合作战地图中的分类。从表格中可以看出，该员工拜访的客户一个为5A老客户；另一个为4A新客户，这就可以自查拜访的客户类别与作战地图中的客户类别是否一致。
- 从客户职务判断拜访客户是否为关键决策人。表格中的两个客户分别为总经理和董事长，符合有效动作的质量要求，拜访对象必须为关键决策人。
- 从沟通结果判断客户的购买需求。拜访的目的是锁定客户需求，通过锁定客户需求，判断应该为客户提供哪些产品和服务。
- 从下一步计划判断开发策略是否有效。通过填写下一步计划，思考下一步的开发策略。在管理者检查这张表格的过程中，就能及时判断其下一步的开发策略是否出现偏差，进而及时给予指导及资源支持。

因此，填写这个表格的过程，就是员工自省的过程。在填写这个表格的过程中，客户的关键信息及需求也会被沉淀在企业系统之中，这为后续公司对客户进行精准营销提供了依据。所以，千万不要小看这个三五分钟的自查动作，它对于明确作战计划是否如期执行，以及沉淀客户数据起到了至关重要的作用。

2013年，行动教育刚开始导入作战地图时，我们发现许多销售人员填写的电话号码有70%都是错误的。为什么会这样？有两个原因：一是因为在销售人员的潜意识里面，他认为客户是他个人的客户，不是公司的客户；二是他害怕这个客户信息被其他销售人员掌握。后来，公司发现这个问题后，要求销售管理者严格检查，确保销售人员填写的是客户的真实信息。千万不要小看这些信息，通过每次填写《客户沟通记录表》，公司可以记录下客户的动态需求，从全生命周期来看，如果一个客户能在一家企业留下诸多的销售记录和凭证，那么这种数据是最有价值的。

另外，有了这张表格，管理者也方便对销售团队进行过程监督和帮扶。无论这个销售人员在全世界哪个地方出差，只要调出这张表格，就能看到他在做什么，下一步计划做什么，并且对他进行精准指导。

对于客户而言，有了这些精准的沟通记录，即便是销售人员调离或者离职，接替者只需要翻看以前的记录，就可以了解客户信息和需求，不需要再去麻烦客户，重新收集信息，这就是真正的"以客户为中心"。今天几乎每家企业都在谈"以客户为中心"。什么叫以客户为中心？就是要把这个观念贯穿于企业的每一个环节。在设计任何一个环节时，都要以客户价值为先，以客户体验为先。

管理者检查

团队成员自查是保证作战地图落地的第一重保险。接下来，企业还要设计第二重保险：管理者检查。

在辅导企业的过程中，我发现了一个有意思的现象：今天95%以上的管理者都不具备检查能力。事实上，一个好的管理者一定是一个好的检查者。甚至可以说，管理者检查的力度决定了员工的执行力度。如果管理者不具备检查能力，那么员工的执行力一定很差。不管作战地图设计得有多完美，如果执行不到位，一切都是零。

为什么今天很多员工在"放羊"？因为管理者在"放水"。为什么很多员工是"老油条"？因为管理者就是"油王"。你严他就严，你松他就松。如果管理者不检查，久而久之，员工就会产生怠惰情绪，这是人性决定的。人性决定了大多数员工只会做管理者检查的事情。

管理者应该如何培养检查能力呢？总结起来，管理者要做好"五检查"。

☑ 检查《客户沟通记录表》填写是否标准完整

管理者首先要检查营销团队填写的《客户沟通记录表》是否标准完整。我还记得2013年刚刚在行动教育导入作战地图系统时，我们惊讶地发现营销团队填写的客户信息有70%以上都是虚假信息，客户的电话号码要么多一位，要么少一位。为什么会出现这种情况呢？有两种可能性：一种是员工本身粗心，不小心填错了；另一种是员工故意为之，因为在他的潜意识里，客户是他的客户，所以他不愿意把自己的客户交给公司。显然，后一种可能性要大得多。因此，如果管理者不检查这个表格，那么一开始就决定了这家公司做不大，因为连客户信息都是假的。

☑ 检查目标事项是否明确符合规范

管理者要检查目标事项是否明确符合规范。什么叫明确符合规范？在前面的作战地图中，为了保证有效动作的质量，我们要求有效动作要备注关键词。比如，如果营销团队的有效动作是有效拜访，那么如何定义有效拜访的标准呢？比如拜访必须见到关键决策人，且拜访时间不得低于1小时。如果填写的客户职位只是一个普通工程师，那么就表示这个动作不符合规范。

☑ 检查工作量是否达标

如果说上面检查的是有效动作的质量是否符合标准，那么检查工作量是否达标则考核的是有效动作的数量是否符合量化标准。譬如说，如果前面的作战地图中填写的有效动作的量化是两个有效拜访，那么管理者就要评估《客户沟通记录表》中是否有两个客户的有效沟通信息。

☑ 检查工作内容是否真实

管理者要检查销售人员的工作内容是否真实。这里不排除偶尔给客户打电话回访，通过与客户进行电话沟通，确认销售人员是否真正保质保量地完成了销售动作，并进一步了解客户真实的满意度。当然，在与客户沟通时，要注意技巧，不能让客户感觉到唐突或产生不舒服的感觉。

☑ 检查工作成果是否完成

最后，管理者还要检查工作成果是否完成。我经常告诫企业：日常看过程，阶段看成果。因此，除了检查有效动作外，定期还要检查阶段性成果。

举个例子：虽然销售人员的有效动作是每天拜访两个客户，但是，这是一个过程性动作。那么，这个过程性动作会带来什么成果呢？企业还需要在作战地图中列出成果性动作。比如我曾经辅导过一家销售工业品的企业，它的有效动作中就包括两个维度：一是过程的有效动作，每天完成两个有效拜访；二是结果的有效动作，如每周成交4套标准产品。同样，我在服务一家门店型企业时，它的有效动作是每天完成100个有效电话，可是如何定义这100个有效电话的成果呢？为此，这家企业又列出了一个成果性动作，每人每天成交一张会员卡。如此一来，管理者除了检查过程性动作外，还要检查成果性动作是否达成。这就是我所讲的"日常看过程，阶段看成果"。也就是说，除了过程指标外，还必须设计一个成果指标。

管理者在完成"五检查"后，再填写《检查表》。如表5-2所示，这是某位经销商旗下的销售团队冠军队提交的《检查表》，该团队销售人员非常认真，所有人都完成了两个有效拜访，全部达标。为了验证检查结果的真实性，销售经理还专门请销售主管抽查了其中1人的有效拜访是否真实。

表5-2　检查表

序号	所属团队	销售经理	姓名	员工类型	3月16日			
					周一			
					有效动作	达标状况	赞助金额	销售主管抽查的状况
1	冠军队	张××	李××	老销售人员	两个拜访	OK		合格
2	冠军队	张××	王××	老销售人员	两个拜访	OK		合格
3	冠军队	张××	周××	老销售人员	两个拜访	OK		合格
4	冠军队	张××	陈××	老销售人员	两个拜访	OK		不合格
5	冠军队	张××	谢××	老销售人员	两个拜访	OK		合格
6	冠军队	张××	黄××	老销售人员	两个拜访	OK		合格

如果说自查是为了自省，是团队自身的愿力，那么检查就是推力。检查的目的是及时了解销售团队的现状，通过检查判断需不需要给予下属帮助和支持，需不需要管理者来推他一把。

需要注意的是，管理渠道比管理内部团队要更复杂。对于内部团队，直接由各个销售团队负责人检查员工即可。但是，对于渠道而言，则需要层层检查：首先，招商部负责人要检查招商专员对经销商的有效动作是否达标；其次，经销商的销售团队负责人也要检查自己的销售人员对分销商的有效动作是否达标；再者，分销商如果有销售团队，也要检查其销售团队对终端客户的有效动作是否达标……由此可见，在进行渠道管理时，检查是一个需要从厂家—经销商—分销商一竿子插到底的动作，每个环节都不能忽视，否则整个渠道的作战地图就很难实现。虽然看起来复杂，但每个岗位面对的检查对象不同，只需要填写属于自己的一张《检查表》即可。

销售督导抽查

当我们把检查的权力给了管理者，那接下来的问题是：谁来监督管理者呢？绝对的权力会带来绝对的腐败。西方政治学有一句铁律般的谚语：信任是好的，控制是更好的。事实上，大多数制度往往是建立在对人性的不信任基础之上的。如果公司一味地信任管理者，而管理者不受监督，一旦其检查不到位，甚至根本不检查，那么整套管理体系就失效了。这个时候，企业就要设置一个岗位，专门负责抽查管理者，以便及时提醒管理者，避免出现偏差。

然而，许多企业正好缺少这个岗位。当管理者走偏的时候，没有人能及时地把管理者拉回来。在企业通往营收百亿元乃至千亿元的道路上，所有人必须一条心，朝着一个目标冲锋。但实际上，在打仗的过程中，许多部门走散了、打偏了，每到年底才会复盘一次，这时候已经来不及了。因此，企业千万不能一年才进行一次复盘，而是要每周甚至每日进行复盘，随时随地把走偏的队伍拉回正轨，让其始终保持与大部队一致。

至此，一个新的岗位应运而生：销售督导，销售督导就是专门负责把整个方阵拉回正确的轨道。其实，销售督导这个岗位并不稀奇，古而有之。在研究各个朝代组织架构变革时，我发现自秦代以来就有了一套发达的监察系统。据说，中国是世界上最早建立监察制度的国家之一。自秦汉始，国家就建立了专门的监察部门，秦立三公九卿制，"三公"是指丞相、太尉和御史大夫，御史大夫的地位相当于副宰相。御史大夫负责做什么呢？一项重要工作就是监察百官。与此同时，秦朝还在各郡设监御史。到了西汉，称为"御史府"，东汉以后叫"御史台"，明清时期改称"都察院"。无论名称如何改变，这个部门都是隶属于天子，不仅可以查处贪污腐败官员，更重要的职能是对中央各部门、各地方政府官员的制约与督导。这就是一个国家的督导体系。

治企如治国。销售督导体系就相当于国家的监察体系。说起销售督导，许多企业可能不陌生，不少企业都设立了品质督导或市场督导。但是，这里的销售督导不同于传统的督导，其使命是专门为渠道体系内的正编团队和专属团队提供督察和指导。尤其是对经销商的专属团队提供督察和指导。因为经销商团队分散在全国各地，离厂家总部比较远，如果没有销售督导这个岗位，一旦在作战过程中，整个团队的方向走偏了，结果管理者身在其中，并没有发现这一点，就会导致整个队伍难以形成合力。这个时候，就需要有人及时地把他们拉回正轨，对他们进行纠偏，保证整个渠道体系整齐划一，朝向一个目标冲刺。从我的观察来看，大多数企业最缺的就是这个岗位。

↘ 销售督导画像：三德三才

由于监察体系的重要性，历代王朝统治者都非常注重监察人才的选择，用林则徐的话说："立政之道，察吏为先。"同样，企业要想保证作战地图能够真正落地，也要重视销售督导的选择。根据我辅导企业的经验来看，一家企业的作战地图能否顺利落地，有三个关键人物起着至关重要的作用：一是公司一号位；二是营销一号位；三是销售督导。

经常有企业家问我："既然这个岗位如此重要，那么如果企业要增设销售督导这个岗位，是不是需要从外部招聘呢？"我的建议是销售督导这个岗位不要外聘，因为外聘者不了解公司的业务体系，最好的办法是从现有的招商团队中开展竞聘。

销售督导是竞聘出来的，不是由老板指定的。为何如此呢？如果由老板指定销售督导，员工难免会对其产生敌对情绪。而由竞聘产生销售督导，则完全贯彻了民主和自愿原则。无论是对于销售督导本人还是营销团队来说，销售督导是他们主动选择的，而不是被动接受的。不要小看这一字之差，它所带来的状态会有极大差别：主动选择带来的是承担责任的使命感，而被动接受更多的是失去自由的束缚感。

在竞聘之前，总部要先做好"动员"工作，向所有人宣讲做销售督导的好处：首先，从薪酬的角度看，销售督导享受经理或主管级别的待遇，总督导享受总监或总经理级别的待遇。为什么要把销售督导的工资与销售管理者挂钩？这就是要告诉销售督导：你的收入与一线人员的收入息息相关，销售督导越是得力，一线人员的收入越高，销售督导的收入就越高。其次，从名誉的角度来看，销售督导主要负责督察指导工作，只要你公平公正，所有人都会很尊重你。因此，成为销售督导是一件名利双收的事情。基本上在讲完这些话的时候，一下子便会冲出来十几个竞聘销售督导的员工。

在竞聘销售督导时，候选人只需要回答三个关键问题：你是谁？为什么要做销售督导？当选后计划怎么做？无论如何，要重视销售督导竞聘的仪式感，通过仪式感让所有人重视这件事情。

经常有企业家问我：销售督导的数量应该如何确定呢？一般来说，我建议企业每100~200人配置一名销售督导。如果销售团队规模庞大，可以成立专门的销售督导部，由总督导来领导，总督导向营销副总裁甚至直接向一号位汇报。

销售督导的画像是什么样的呢？从我的实战经验看，优秀的销售督导必须具备"三德三才"。

☑ 画像1：高度认同公司价值观，和老板同频

销售督导的定义是督察指导，这个使命要求销售督导必须高度认同公司价值观，因为价值观是判断一件事情对错与否的标准。同样，什么叫与老板同频？同频不是指与老板有相同的爱好，而是指在认知高度上与老板同频。只有发自内心的认同，才会真正捍卫规则，因为销售督导是代表公司对正编团队和专属团队做督察指导。

☑ 画像2：做事公平公正，原则性强，对事不对人

督导抽查是作战地图能否落地的最后一道保险，因此销售督导必须具备原则性，做事公平公正。由于销售督导最好采用内部竞聘的方式产生，这就意味着销售督导通常已经是公司的老员工了。那么，面对他过去的老领导、老战友们，他能否做到一视同仁？这就考验着一个人的原则性。

曾经有一位销售督导分享过自己的经历：刚开始做销售督导时，他过去的老领导由于要处理家事，作战地图中的有效动作没有完成，需要赞助40元。老领导主动打来电话，要求他"网开一面"。这件事该怎么处理呢？一开始，他内心也非常挣扎，一边是老领导的请求，一边是公司的要求。不过最后他终于想明白一点：他的使命就是捍卫规则。规则就像旧衣服，一旦破了个口子，后续就只会越破越大。最终规则就会形同虚设。与此同时，他也不能辜负老领导过去对他的提携，因此他决定帮老领导上交赞助的40元。这样一来，既没有破坏公司的规则，也照顾了老领导的面子。这样的事情又连续发生了几起，他依葫芦画瓢，始终坚守原则，直到再也没有人找他"开后门"。

后来我在行动教育校长节上遇到了这家企业的董事长，他告诉我，在行业整体下行的背景下，疫情三年间他们公司每年都能实现利润翻番，毋庸置疑，这个亮眼的成绩一定离不开这位优秀的销售督导。

☑ 画像3：有专业精神，工作认真负责

销售督导需要根据正编团队和专属团队的关键考核频次进行通报。如果营销团队的有效动作是每天两个有效拜访，那么销售督导需要每天对这个有效动作的完成情况进行通报，并对比分析各个营销团队的完成情况，并对比与之前的差距在哪里。找到问题后，还要与各个团队负责人分析原因，研究对策。这就要求销售督导必须具备极强的专业精神，工作认真负责。

以上三个画像是对销售督导在德行上的要求，接下来销售督

导还必须具备三才。

☑ 画像4：有文案功底和分析指导能力

这里的文案功底不是指写作能力，而是指销售督导要填写《抽查表》和《反馈表》，这就要求销售督导要有一定的数据分析能力和观点归纳能力，能通过数据分析出为什么有些市场完成率高、有些市场完成率低，并及时对各个片区进行反馈和指导。

☑ 画像5：沟通能力较强

销售督导是作战地图落地的最后一道关卡，因此销售督导面对着一系列的沟通场景：既要对上沟通，向营销一号位汇报作战地图的执行情况，也要对下面的正编团队和专属团队进行沟通；除了与渠道体系内部成员沟通外，还涉及与终端客户的沟通，通过给客户打电话来抽查销售人员填写的信息是否真实。尤其是在与客户沟通时，为了保证客户体验，不能直接询问销售人员填写信息是否真实，而是要巧妙地验证是否为虚假动作。这就要求销售督导必须有较强的沟通能力。

☑ 画像6：熟悉公司业务

最后，销售督导一定要熟悉公司业务。由于销售督导要对作战部队进行指导，这就要求他一定要非常熟悉公司业务，否则他很难发现问题，更谈不上指导。因此，销售督导一般来自销售业务线的老员工，且具备一定的业务水平，新员工肯定是不适合的。

如果竞聘销售督导的员工正好符合上面的"三德三才"，那么他就是最完美的人选。如果竞聘的员工中没有这么完美的人选，那么优先考虑"三德"，再考虑"三才"。

↘ 销售督导的岗位职责

近两年，在辅导企业落地"三查系统"时，经常有人问我："陈老师，销售督导的岗位职责是什么？"为了让企业更好地理解销售督导的职能，我专门提炼了销售督导的六大岗位职责。

☑ 负责落实公司作战地图中的日常抽查和反馈事宜，并形成周报和月报

销售督导的第一个岗位职责是落实公司作战地图中的日常抽查和反馈事宜，并形成周报和月报。

这个岗位职责如何落地呢？销售督导首先要填写《抽查表》。过去所有渠道伙伴能否完成业绩目标，只有到了年终盘点才能尘埃落定。但是，此时再来亡羊补牢，为时已晚。因此，企业要随时随地进行纠偏，总部的销售督导应对渠道伙伴进行定期抽查，以此判断渠道伙伴是否严格执行作战地图中的有效动作。

如表5-3所示，这是某家企业的销售督导填写的《抽查表》。从表中可以看出，总部的销售督导在三大战区分别抽查一个团队中的一名伙伴，抽查结果显示：南部战区和东部战区完成了有效动作，而北部战区则只拜访了一家企业，数量不达标，因此抽查结果为不合格，赞助50元。

表5-3　抽查表

经销商	团队	伙伴姓名	职务	抽查状况	抽查结果	备注	抽查人
南部战区	猎鹰队	陈**	新销售人员	1.昨日工作目标：两家拜访 目标达成情况：完成（有通话记录单） 2.今日工作目标：两家拜访	合格		总部销售督导沈**

经销商	团队	伙伴姓名	职务	抽查状况	抽查结果	备注	抽查人
北部战区	突击队	张**	老销售人员	拜访数量1家	不合格	赞助50元	总部销售督导沈**
东部战区	冠军队	李**	老销售人员	1.昨日工作目标：两家拜访 目标达成情况：完成（有通话记录单） 2.今日工作目标：两家拜访	合格		总部销售督导沈**

备注：1. 此表格用于总部销售督导，总部销售督导须每日抽查各战区经销商销售团队组长和销售伙伴的动作完成情况。

2. 将抽查结果公布于OA平台，如未按时在OA平台公布抽查结果，每次赞助500元。

　　除填写《抽查表》外，销售督导还要根据抽查的情况，填写《反馈表》。如表5-4所示，这是一家企业对各区域经销商进行抽查后填写的《反馈表》。《反馈表》主要是做好两个通报：一是完成率，完成率评估的是有效动作的数量是否达标；二是合格率，对应的是有效动作的质量是否达标。比如，公司对拜访的质量标准是必须见到关键决策人，但是，你这次拜访见到的只是工程师，不是关键决策人，那么这个动作就不合格。同样，如果你的有效动作是举办一场营销活动，而营销活动的质量标准之一是参加的关键决策人不少于10人，但是，这场营销活动只来了8个关键决策人，那就属于不合格。因此，管理本质上就是管细节。老子几千年前就告诫我们："天下难事，必作于易；天下大事，必作于细。"只有细节管到位了，管理才真正有效。

表5-4 《反馈表》

序号	经销商	总人数	应完成人数	实际完成人数	完成率	抽查人数	合格人数	不合格人数	合格率
					总部销售督导抽查				
1	上海	50	100	109	109.00%	2	2	0	100.00%
2	深圳	35	70	73	104.29%	2	2	0	100.00%
3	北京	38	76	79	103.95%	2	2	0	100.00%
4	广州	39	78	81	103.85%	2	2	0	100.00%
5	厦门	28	56	60	107.14%	1	1	0	100.00%
6	杭州	33	66	69	104.55%	2	2	0	100.00%
7	长沙	42	84	89	105.95%	2	2	0	100.00%
8	昆明	45	90	93	103.33%	2	2	0	100.00%
9	武汉	21	42	43	102.38%	1	1	0	100.00%
10	郑州	39	78	81	103.85%	1	1	0	100.00%
11	南京	25	50	52	104.00%	1	1	0	100.00%
12	南昌	22	44	47	106.82%	1	1	0	100.00%
13	苏州	20	40	42	105.00%	1	1	0	100.00%
14	石家庄	32	64	65	101.56%	2	1	1	50.00%
15	西安	37	74	78	105.41%	1	1	0	100.00%

续表

序号	经销商	总人数	应完成人数	实际完成人数	总部售后督导抽查				
					完成率	抽查人数	合格人数	不合格人数	合格率
16	佛山	31	62	67	108.06%	1	1	0	100.00%
17	济南	29	58	59	101.72%	2	1	1	50.00%
18	合肥	33	66	69	104.55%	1	1	0	100.00%
19	成都	31	62	65	104.84%	1	1	0	100.00%
20	银川	21	42	43	102.38%	1	1	0	100.00%
21	贵阳	19	38	40	105.26%	1	1	0	100.00%
22	太原	17	34	35	102.94%	1	1	0	100.00%
23	温州	23	46	49	106.52%	1	1	0	100.00%
24	哈尔滨	18	36	38	105.56%	1	1	0	100.00%
合计		728	1456	1526	104.81%	33	31	2	93.94%

非常好：上海、深圳、北京、广州、厦门、杭州、长沙、武汉、郑州的作战地图周报非常完整！在此提出特别表扬。

很好：昆明、南京、苏州、西安、银川、贵阳、太原、哈尔滨、温州提报情况也很好！需要改进的是个别空格时需要备注原因。

良好：合肥、成都提报良好，需要改进的是周完成无统计。

需要改进的有：石家庄、济南经销商，没有及时上报过程管控。目标结果等数据，提出批评、下不为例。

总结：
一、实际完成情况
1. 整体实际完成率达104.81%，较上日增长2.79%，合格率达93.94%，下降了3.05%。
2. 上海的经销商完成率最高，达109%
二、本次抽查反映出的问题总结
1. 未上报：无
2. 迟报：无
3. 未审批：无

接下来，明确每周表现非常好的经销商是哪些？表现很好的经销商是哪些？表现良好的经销商是哪些？需要改进的经销商是哪些？并最终形成周报和月报，公开通报在公司督导群内。除营销团队外，公司的一号位也在其中，每周都可以看到各个经销商销售团队的表现。如果一个团队连续两周的完成率和合格率都不好，那么销售督导会给团队负责人打电话，追问其原因是什么，障碍在哪里。

☑ 负责作战地图集中培训及日常培训抽查工作

前文指出，销售督导的含义是督察指导，那么具体指导什么呢？这里的指导不是经营指导，而是对作战地图进行指导。比如说，作战地图中的有效动作是否符合动作设计的7条原则？有效动作的量化是否科学？有效动作的标准是否清晰？……这些都需要销售督导进行培训。

在一线走访企业时，我发现许多企业最大的误区就是把作战地图当成填表格。事实上，作战地图不是一张简单的表格，而是对达标路径的反复推演。如果没有销售督导针对作战地图进行培训，销售管理者就不理解背后的底层逻辑，只是被动地填满这张表格，那作战地图就失去了它的意义。因此，为了保证每个人都能理解作战地图的底层逻辑，销售督导要负责对销售团队做集中培训。如果销售团队分散在全国各地，也可以由销售管理者进行作战地图的转训。当然，为了保证销售人员理解作战地图的逻辑，销售督导还要抽查各级销售管理者的转训是否到位。

☑ 负责营销团队日常通关抽查的落实情况并进行反馈汇总

销售督导的第三项职责是负责对营销团队进行通关抽查。作战地图解决的是达标路径的问题，那么，达标路径有了，销售人员有没有能力去实施？这就要靠企业去赋能，而最好的赋能方式是通关。通过模拟实战场景，进行实战演练，以提升销售人员的能力。

在整个渠道体系当中，我们要求总部层面每个季度或每半年组织一次公司层面的大通关；部门每月组织一次中通关；小组每周或每天组织一次小通关。那么，通关是否按时进行，这也需要销售督导对日常通关落实情况进行抽查。

☑ 负责收集周头脑风暴会议主题并及时反馈给公司

销售督导在对各个营销团队进行抽查和反馈的过程中，会发现许多营销团队存在一些共性问题。那么，这些共性问题应该如何解决呢？销售督导应每周组织营销团队一起进行头脑风暴，通过头脑风暴，讨论这些共性问题的解决方案，清除达标路上的障碍。

☑ 负责五星评定数据统计工作审核，并执行评定工作相关事宜

此外，为了激励经销商及内部团队，我们后续会对经销商以及所有销售人员进行五星评定。那么，五星评定中的业绩数据、过程数据、通关数据全部都要由销售督导来审核，并主持整个五星评定工作。

☑ 完成营销中心交代的其他事宜

最后，销售督导还要完成营销中心交代的其他事宜，比如制

定各类销售激励政策，组织各类销售竞赛，主持营销中心的各类颁奖典礼……

头脑风暴：把问题变成答案

通过每日或每周的抽查结果汇总，日积月累，销售督导就能发现渠道存在哪些问题，有没有走偏。当销售督导发现下面有不少经销商的团队都走偏了，完成率和合格率不够高时，就说明他们遇到困难和障碍了。这个时候，该怎么办？总部要把障碍和问题变成课题。由总部销售督导牵头，通过头脑风暴的形式，每周开一次渠道会议，及时清除达标途中的障碍。

换句话说，抽查不是目的，而是手段。抽查的目的是要发现不足。虽然前面的作战地图已经将每个团队的达标路径找到了，但是，在向目标前进的过程中，必定有人会掉队，有人会摔跤，有人会走歪……这个时候，我们不仅要求队员要自查是否脱离了大部队；每个方阵的小队长要检查是否有队员掉队，是否需要补充弹药，万一小队长敷衍了事，检查不认真，导致整个队伍都偏离了大部队，怎么办？这时候就需要销售督导抽查，抽查的目的就是要找到大部队当中存在哪些共性问题。如果通过抽查发现，不少小方阵都出现了同样的问题，那么就要调动集体的智慧来解决这些问题。

举个例子：在辅导某建材企业时，销售督导通过抽查发现不少分公司都出现了同一个障碍：总部锁定的大商对手也在抢，很难说服他们来总部考察。也就是说，在开发经销商的过程中，难以说服大商来总部考察是一个共性问题。那么，销售督导就要把这个问题提炼为头脑风暴的主题：如何成功邀请大商来总部考察？

按照这家企业的惯例，每周三总经理会带着所有大区总监召开头脑风暴会。整个头脑风暴会大约历时一个半小时，共分为以下四个步骤。

☑ 第一步：通报排名

每次头脑风暴会伊始，销售督导先要通报上周排名。排名包括两个维度：一是上周业绩排名，比如上周招商业绩排名情况，这是通报结果；二是过程排名，所谓过程排名，即达标过程中的阶段性成果，比如你锁定了一名标杆经销商，虽然还没有成交，但你成功邀请他到公司参观，且达成了合作意向，这就是完成了过程指标。

☑ 第二步："2+2"标杆分享

接下来是"2+2"标杆分享，每人2~3分钟。

第一个"2"，是指邀请业绩排名和过程排名第一的正面标杆分享自己的成功经验，这是一个打造标杆的过程，也是一个萃取标杆经验的过程。

第二个"2"，是指邀请业绩排名及过程排名倒数第一的两位负面标杆进行分享。既然有正激励，就有负激励。为什么要邀请负面标杆进行分享？目的是引导他们做自我批评，分析上周没有做好的原因，找到自身的不足。只有找到自己身上存在的不足，才能找到改进的方向。

☑ 第三步：主题风暴

主题风暴是指销售督导提前确定1个主题，组织营销团队集体进行头脑风暴。头脑风暴要解决两类问题：一类是作战地图中的难点；另一类是近阶段的营销工作障碍点。这些障碍点来自哪里？来自销售督导从抽查中提炼出的共性问题，这些共性问题就是近期的营销难点。

比如上文提到，本次头脑风暴的主题是"如何成功邀请大商来总部考察"，那么接下来主题风暴应该如何开展呢？

虽然这个问题是营销难点，但一定有人做得非常好。因此，企业首先要邀请两位对这个主题最有发言权的标杆做经验分享：他们是如何邀请大商来总部考察的？见到大商后，他们如何用三分钟打动大商，并成功邀请其参观总部？

标杆分享完成后，再由营销团队成员自由发言，每个人都可以从自己的经验出发，各抒己见，分享自己邀请大商到总部考察的成功经验。最后，由公司领导输出自己过去在这个主题上积累的经验和方法论⋯⋯

经过集体头脑风暴，关于"如何成功邀请大商来总部考察"这个主题的各种方法就全部被碰撞和萃取出来了。当然，如果一次主题风暴尚未碰撞出有效的解决方案，那么下周还可以继续就这个主题开展头脑风暴，直到找到科学有效的解决方案。

☑ 第四步：总结和部署工作

最后，由公司一号位总结本周主题风暴的成果。如何成功邀请大商来总部考察？今天头脑风暴得出的解决方案有以下若干条……

与此同时，这个解决方案需要及时更新在《渠道秘籍》中，并且要求各个小团队管理者将今天头脑风暴的解决方案及时转训给基层销售人员。如此一来，这套方法论就会被迅速复制到整个营销体系。

同理，总部也可以组织标杆经销商共同参与头脑风暴。针对经销商团队在一线遇到的营销难点和障碍，可以通过每周渠道头脑风暴的方式来解决，以此调动所有渠道伙伴的智慧，碰撞出解决营销难点的思路。也许，成都经销商遇到的问题，武汉经销商早就遇到过，并且武汉经销商已经找到了答案。这个时候，通过渠道头脑风暴，就可以将武汉经销商的经验复制到整个渠道体系。

从这个角度看，销售督导抽查不仅仅是为了监督，更是为了帮扶，通过抽查把共性问题提炼上来，反馈给公司一号位，让他了解渠道伙伴在落地作战地图时遇到了哪些障碍。接下来，公司一号位再及时组织标杆经销商参加头脑风暴，通过头脑风暴萃取集体的智慧，碰撞出问题的解决方案，再将解决方案复制到整个渠道体系。这就是头脑风暴的意义，每周及时地把渠道体系中的问题转化为答案。

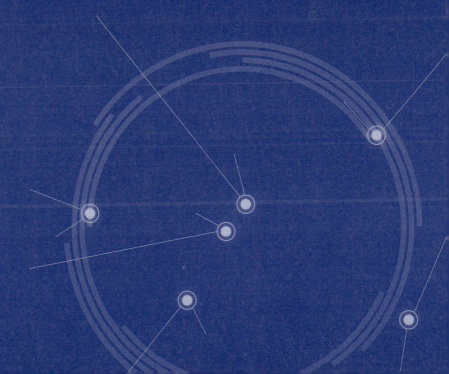

第六章

06

渠道赋能：从赋能内部团队到赋能渠道伙伴

升级赋能体系：将赋能体系向前线延伸

当作战地图解决了达标路径的问题后，渠道管理又通过三查系统这个工具来纠偏，至此整个团队的达标路径已经清晰了。接下来，整个大部队是快速前进还是缓慢行军？如何让渠道大军一年走出别人三年甚至十年的路程？这就取决于渠道赋能是否到位。

在一线带团队时，我经常发现：一个专业水平很高的员工创造的业绩，很可能是普通员工的10倍以上。因此，过去我经常讲，没有经过训练的员工是公司最大的成本，而经过科学训练的员工则是公司最大的开源。随着我辅导的客户越来越多，我逐渐发现：企业仅仅赋能内部员工是不够的，还需要升级企业的赋能体系——将赋能的范围从内部团队升级到整个渠道体系。

尤其是对于品牌力较弱的厂家，由于终端消费者的品牌认知度较弱，因此前线的销售难度较大，更需要厂家的赋能，帮助渠道伙伴提升作战能力。这也是许多经销商的痛点所在：大多数经销商的业务员没有经过专业的销售培训，没有形成体系化的销售能力，导致销售人员的人效比较低。因此，总部必须将赋能体系向前线延伸，让渠道的销售人员专业能力能够持续不断地提升。这样一来，就相当于将总部的专业能力移植和复制给前线的渠道伙伴，从此以后，除总部的正编团队能服务好客户外，渠道的销售伙伴也能服务好客户。

纵观全球，但凡成功的企业一定非常重视渠道赋能。以中国最大的连锁便利店美宜佳为例。美宜佳不仅拥有一套完善的培训系统，甚至还专门成立了商学院。针对加盟商门店，美宜佳搭建了一整套从开业前到开业后的阶梯性分段式培训体系：

- 新开门店培训班：以实操为主导，模拟真实经营环境，强化新开门店的新员工所急需的基础技能。

- 门店管理初级研修班：为开业1到3个月的门店，解答经营中遇到的疑难困惑，使其掌握更好的经营方法。

- 门店管理中级研修班：为开业6到12个月的门店，提供市场营销、商品结构调整、促销管理等方法，提升门店的盈利水平。

- 门店管理高级研修班：使经营年限为3年及以上的门店店长，掌握门店管理的关键要素、经营优化技能，以及商品经营的诀窍。

- 四级店长创业集训班：对认证系统学习并通过四级认证的门店店长，强化其经营及管理能力，扶持其创业开店。

由此可见，越是强大的企业，越是重视渠道赋能体系的建设，因为只有渠道伙伴成长了，企业才能成长。从这个意义上讲，总部对渠道的赋能能力才是真正支撑企业持续扩张的底层动力。

在调研企业时，我发现大多数企业重视为渠道的技术人员赋能，但普遍会忽略对销售人员的赋能。事实上，技术人员需要赋能，渠道的销售人员更需要赋能，因为他们承担着为总部开疆辟土的责任。尤其是直接面对用户的终端销售人员，他们是决定用户体验最重要的一环。然而，在走访渠道的过程中，我看到一线充斥着大量不专业的销售人员，而这些销售人员几乎成为用户与品牌唯一的接触点。如果总部不能及时地为前线的销售人员赋能，那么最终受伤害的还是品牌。

渠道赋能：从培训到通关

提到赋能，大多数人首先想到的是由总部来组织培训。但现实情况是，许多企业往往做了许多培训的动作，却不见什么成效。我看到不少企业耗费巨资、时间和精力，把各地经销商队伍集中到总部来参加培训，结果我亲眼看见不少人在课堂上刷手机、打瞌睡……为什么培训不奏效？因为培训的内容没有触及他们的痛点，导致他们认为这种培训没什么价值，只是走过场。

因此，有效的渠道赋能不能直接开展培训，而是要先找痛点，然后再针对性地进行培训，这样才能真正产生效果。这就好比医生开药，一定要先找病因，然后对症下药，才能药到病除。因此，比解决问题更重要的，是发现问题。在培训之前，企业还有一个重要的动作，那就是先"照镜子"，找到销售团队的不足在哪里。

如何"照镜子"呢？我在一线管理过程中摸索出一个系统工具叫通关，这是我的大营销落地辅导中一个重要的系统工具。

在辅导郎酒集团、江苏今世缘酒业股份有限公司、今麦郎食品股份有限公司、德庄火锅、河南心连心化学工业集团股份有限公司、江苏福庆家居有限公司、德施曼智能锁等诸多知名企业时，企业一号位普遍认为：通关辅导对他们的触动最大。为什么这样讲？

首先，通关就是一面镜子。通过通关，企业会发现员工的不足，及时将许多共性的问题提炼出来。接下来，问题等于课题，再针对性地研发培训课程，这个时候的培训就具有强针对性，完全契合一线作战人员的痛点，他们的参与度就会被激发出来。培训完成后，再进行通关，以此来评估作战人员还有哪些能力没有掌握好……如此循环往复，不断查漏补缺，就能快速提升一线人员的作战能力。因此，企业不是为了通关而通关，也不是为了培训而培训，而是将通关和培训打通，形成一个闭环。

其次，通过通关，可以对作战地图中的有效动作进行复盘：作战地图中的有效动作做得怎么样？动作执行是否符合标准？有效动作上还有哪些欠缺的地方？哪些地方还可以做得更到位？……这些问题恰好可以通过通关看得清清楚楚，这也是对销售人员日常工作的一次检阅。

最后，通关不仅仅是对员工的考查，更是对管理者的检验。通关可以暴露出企业的管理者会不会提问、会不会点评、会不会总结……从而看出管理者是不是脱离一线太久。

综上所述，通关不是为了把员工"通死"，而是为了把员工"通活"。严格意义上讲，它是一个将阻力转化为助力的过程。

这也是为什么所有企业经受过通关洗礼后，大家都会有一种脱胎换骨的感觉。

由于工作的关系，近十多年来，我已经将通关体系推广到了数以万计的企业之中。随着走访市场的不断深入，我逐渐发现：终端销售人员专业能力的缺失，已经严重制约着经销商的增长。何谓专业能力？专业意味着身份的转换：你不再是销售人员，而是客户的顾问，能够时刻站在客户的角度为客户出主意，为客户解决问题。

如何帮助经销商快速提升一线渠道伙伴的专业能力？这是企业在发展经销商时就要考虑的问题。毕竟，对于终端用户而言，终端销售人员的专业能力代表的就是品牌的专业能力。因此，总部必须将通关对象从内部正编团队扩展到整个渠道体系。除总部的正编团队外，经销商也需要学会通关，包括如何出考题、如何提问、如何点评、如何总结……以提升服务分销商的专业能力。同样，分销商的专属团队也要导入通关体系，以提升服务终端用户的专业能力，进而提升终端用户的服务体验。

通关"五能"：渠道通关必备的五种能力

在培训和咨询的过程中，我经常会收到企业的反馈，有些企业导入通关体系后效果很好，有些企业则效果一般。在研究背后的原因时，我发现影响通关效果的关键在于五种能力，这五种能力被我总结为通关"五能"，它们分别是：

- 能力1：组织能力。
- 能力2：扮演能力。
- 能力3：提问能力。
- 能力4：点评能力。
- 能力5：总结能力。

本章，我们就来解析如何提升渠道体系的通关"五能"。

↘ 组织能力：如何组织一场成功的通关

组织能力的高低，直接决定通关的成败。如何组织一场成功的通关呢？企业要牢记以下几个要点。

☑ 通关内容

通关一共分为两个部分：一个部分叫书面通关；另一个部分叫线下通关，即实战演练。

书面通关涉及什么内容呢？以终为始来看，通关要考查的是销售实战中应该具备的知识和能力。销售实战中要用什么，通关就要考查什么。因此，企业必须组织渠道体系，将实战中所涉及的行业知识、产品知识、销售知识和客户知识全部进行梳理和归纳，通过共创的方式，提炼出一套适合本企业的《渠道秘籍》。如果总部还没有组织渠道编写《渠道秘籍》，可以先考查四大知识，即行业知识、产品知识、销售知识和客户知识。这是每个销售人员都必须掌握的四大知识，不需要分层考核。

线下通关则需要分层考核，因为实战演练模拟的是实战中的应对能力。因此，在业务场景中的"仗"要怎么打，兵就要怎么练。

业务场景从哪里提炼呢？企业可以回到作战地图之中。而根据作战地图的逻辑，不同的销售人员面对的客户不同，销售的产品不同，有效动作不同，面对的销售场景也不同。因此，在线下通关时，要根据不同专业能级进行分层考核。

如何进行分层考核呢？这就涉及下一章的星级评定。企业要根据本季度的销售业绩、作战地图中的过程得分，评估每个销售人员是否达到了相应的星级资格。星级不同，通关的考题也不同。

如表6-1所示，这是某家企业经销商门店线下通关的考题（节选）。一星级、二星级导购的通关考题为各种情景下的门店接待，通关的目标结果大多要求的是加微信、邀约进店和试探成交；而三星级导购的考题就已经涉及各种异议处理，目标结果也要求成交；四星级、五星级导购的考核则更难，要求处理更加复杂的情况，或者成交团单……总而言之，企业要根据作战地图中的有效动作，设计相应的考题场景，并要求销售人员达成一定的目标结果。

表6-1　某家企业经销商门店线下通关的考题（节选）

星级	考题	目标结果
一星级、二星级导购	1. 女性客户路过门店	成功邀约进店，介绍公司，引导体验，加微信
	2. 已经加了客户微信，打电话再次了解顾客需求	电话邀约客户再次进店
	3. 一对夫妻逛商场，走进门店	了解需求、引导体验、试探成交、加微信
	4. 一对夫妻带着孩子逛商场，走进门店	介绍品牌，挖需求，介绍意向产品，加微信并试探成交
	5. 顾客通过梯媒广告上门，三代同堂，如何推荐合适的款式	试探成交
	6. 一对夫妻路过门店，老公想看，老婆想走	成功邀约进店
三星级导购	1. 一对小夫妻刚刚买房，手头不宽裕，来店选产品	挖掘需求并成交
	2. 一个年轻人刚刚买了产品，结果感觉体验不好，要求退货	妥善处理，保证客户满意
	3. 客户在我们品牌和竞争对手之间做对比，质疑为什么我们的产品更贵	成交
	4. 客户想买产品，正在各个渠道进行比价	现场成交
四星级、五星级导购	1. 年轻人买我们的产品给父母用，老人特别固执，不会用，嫌其体验感不好，要求退货	不退货
	2. 以前活动期间有过报价，现在价格较之前高出300元，客户要求以之前的价格进行购买	以现在的价格成交
	3. 刚交付的业主群，由家庭代表来谈团购	成交团单

如果企业的渠道层级较多，那么每个渠道层级都要设计对应实战场景的考题。以我所服务的雨帆食品集团股份有限公司（简称雨帆）（光明乳业LOOK酸奶全国独家总经销）为例，雨帆的渠道是从总部到经销商，再到分销商/站长，因此，在设计通关考题时，分销商和站长都要设计相应的场景考题。如表6-2所示，这是雨帆给分销商和站长设计的通关考题（节选）。

表6-2　雨帆给分销商和站长设计的通关考题（节选）

团队	星级	考题	目标结果
分销商	一星级、二星级	今天去拜访某连锁餐厅老板竺总，洽谈××产品进店事项	达成合作
		今天去某A类店与老板焦总进行合作洽谈，重点聚焦于新品辅设事宜	导入新品，收回现金
	三星级	今天去拜访某制造企业老板平总，洽谈关于员工春节福利事宜	成功达成合作
	四星级、五星级	新晋分销商廖总入职半个月，请你为其做成长计划	3个月内月销量达200件
站长	一星级、二星级	今天去拜访某餐饮企业王总，重点在于进行客情维护交流，以及探讨单店突破事宜	销量翻番
		带领新分销商走访高总，进行销售协助访问	成功达成合作
	三星级	接客户雷总投诉，称牛奶里面出现异物并要求退货，你去处理此事	客户满意并签订协议
		某餐饮老板方总与竞品合作多年，你今天去拜访并洽谈合作事宜	成功达成合作
		某县城的高档宴席酒楼一直使用常温饮料，今天你去拜访吕总并洽谈合作	成功导入雨帆的产品
	四星级、五星级	今天去拜访地方头部餐饮企业杜总	成功达成合作
		召开分管分销商会议，探讨2024年如何达成千万级站点目标	成功建设3个站点

只有使通关考题真正对准业务，倒逼销售人员不断地从实战中提炼打法，训练自己面对真实业务场景的专业能力。并且，在这个过程中观察自己、反思自己，不断查漏补缺，才能快速夯实销售人员的专业能力。

☑ 通关形式

通关的形式有三种：大通关、中通关和小通关。

大通关由公司组织，每个季度开展一次。大通关的得分与后续的五星评定挂钩。

中通关由部门组织，每个月开展一次，可以与部门例会放在一起进行。它的目的是从部门的维度进行专业考核，及时发现问题，并通过部门培训及时消除部门达标中的障碍。

小通关由销售的最小单元组织，比如门店就属于最小单元，它需要每周甚至每天进行小通关。小通关可以放在晨会或者夕会环节，以帮助大家及时解决本周或当天在销售中遇到的问题。

需要强调的是，虽然只有大通关的成绩列入星级评定的考核，但是，企业更应该重视平时的小通关。因为每天的小通关都是一个查漏补缺的小闭环。只有每天解决一个问题，日拱一卒，才能在大通关中展现出更高的专业水平。

☑ 通关时间

通关时间包括线上通关时间和线下通关时间。线上通关时间通常在30~60分钟，而线下通关时间则要根据不同星级的考核场景而定。

- 一、二星级销售人员：提前5分钟抽题进行准备，通关时间为10~12分钟。
- 三星级销售人员：提前10分钟抽题进行准备，通关时间为12~15分钟。
- 四、五星级销售人员：提前20分钟抽题进行准备，通关时间为15~20分钟。

这里特别强调一下：通关考查的是销售人员在真实销售场景中的应变能力，因此要控制好时间，不可提前准备。在实际拜访的过程中，有可能拜访时间会比较长，但通关过程不能太长，要快速抓住"牛鼻子"，找到核心关键点。

☑ **通关地点**

通关地点也有三种选择：

首先，企业可以选择在公司通关。如果公司规模大，团队分散在全国甚至全球。为了节省成本，可以由各个大区的分公司组织通关。当然，为了保证效果，也可以让三星级以下（含三星级）销售人员在大区分公司通关，四星级、五星级销售人员到总部通关。如果公司规模小，可以选择全部到总部通关。

其次，企业也可以选择在客户现场通关。譬如说，如果你要对招商特种兵进行通关，那么企业直接选择在经销商公司进行通关，并邀请经销商担任评委。这样一来，招商特种兵面对的就不是模拟实战，而是真正实战。在实战中得到的反馈更真实，更能暴露出问题。

最后，企业可以选择拓展地作为通关地点。如此一来，既能让拓展项目更加贴近实战，同时通关者的心情比较放松，更易发挥出自己的水平。

☑ 通关评委及考官

通关的过程是暴露销售团队不足的过程。那么，如何发现销售人员存在哪些不足呢？这就要求通关的评委及考官要足够专业，能够洞察出销售人员存在哪些问题。因此，评委和考官的质量决定了通关的质量。那么，在公司组织的大通关中，谁适合担任通关评委和考官呢？

一般来说，企业可以选择以下四类人担任评委和考官：

- 第一类是公司领导，包括总部董事长、总经理、营销副总裁等。
- 第二类是部门负责人，包括市场部、销售部、客服部和人力资源部门的负责人，这些都是职能线的领导。
- 第三类是业务线领导，包括各个大区、分公司、门店负责人。
- 第四类是实战对象，包括客户、分销商和供应商等，他们是销售人员在实际销售场景面对的真实对象。

此外，要组织一场成功的通关，企业还必须组织一些辅助性角色，比如主持人、计时员、计分员等。这些人员全部都要提前确定人选并做好安排。

↘ 扮演能力：呈现真实销售场景

多年来，我一直特别推崇通关，因为我在实战中发现，通关是实战中打造铁军最快的方法。基于此，在辅导企业的过程中，我一直把通关当成一个重要的项目去落地，手把手教会每一家企业如何通关造铁军。

随着辅导的企业越来越多，我越来越感悟到：通关其实不只是在考核员工，更是在考验管理者。为什么这样讲？因为通关的目的是考查销售人员在实战中的应对能力，所以考官必须扮演得像"客户"，才能判断销售人员在实战中是否能有效应对各种情况。但令我诧异的是，在辅导企业通关时，我发现太多管理者扮演得根本不像客户，不知道如何提问、如何点评、如何总结，每一个环节都能体现出管理者的真实水平。问题的症结出在哪里？管理者脱离一线太久，他们不了解一线的客户关心哪些问题，有哪些真实的痛点，客户真实的需求是什么……

要提升管理者的扮演能力，唯一的办法就是深入一线调研。一线是离客户最近的地方，一线是离竞争最近的地方，一线是离市场变化最近的地方。管理者只有亲自下一线，才能知道销售人员会面临客户哪些刁难，才能明白客户对品牌有哪些真实的反馈。

尤其是对于重要客户、标杆经销商、标杆分销商等，管理者必须亲自下一线进行实地探访、沟通。在这个过程中，管理者才能真正了解客户、经销商和分销商的需求，他们关心什么问题，他们的痛点、盲点都是什么，他们需要哪些帮助……这就是我去年亲自走访100多个县城，亲自陪着公司一号位走访市场，拜访经销商、分销商和终端客户，切实去倾听他们真正的声音的原因。稻盛和夫有句名言："答案在现场，现场有神灵。"只有公司一号位躬身入局，亲临一线，才能发现真理，才能听到最真实的声音。

然而，今日我看到太多企业规模还没多大，老板和管理者就开始远离一线，坐在办公室里听下属的汇报，让自己裹挟于下属所创造的"信息茧房"之中。真正伟大的企业家一辈子都不会远离一线。

沃尔玛的创始人山姆·沃尔顿为了便于到各地巡店，专门购买了一架二手直升机。直到他60多岁时，还经常在凌晨跑去某个配送中心，与那里的员工一起享用早点咖啡，了解一线的各种信息。甚至在他去世的那一年，他还去了两家分店，了解业务情况。无独有偶，今年我在辅导郎酒集团时，郎酒集团董事长汪董在听完我的分享后，提出自己未来也要多下市场走访经销商。当公司一号位躬身入局后，下面的管理层自然也会多下一线。而管理者要想扮演得像客户，唯一的办法就是频繁深入一线。只有深入一线，才能呈现实际的业务场景，才能扮演得像真正的客户。

因此，在组织通关时，我时常会要求管理者和员工必须熟悉中国地图。比如，我会问基层管理者，在其所负责的区域内，有多少个城市？有多少个乡镇？有多少个村？问这个问题的目的，就是考验管理者和员工是否真正了解一线。因为中国市场与美国市场相比，更为多元化、更具不规则性。如果没有亲自走访这些市场，便很难真正了解这个市场的渠道有哪些需求？这个市场的用户和其他市场有什么不同？

举个例子：2023年，我在走访一家企业的经销商时，亲眼看见一位销售人员被经销商赶出来，他们会对销售人员说"对不起，我不需要""对不起，我已经和别人合作了"……这些真实的场景、真实的客户刁难……如果你没有亲眼所见，你很难扮演得像真实的客户，也很难将真实的销售场景复现出来。只有当管理者深入一线，才能扮演出真实客户那种傲慢的神态，才能模仿出真实客户的动作——压根就不搭理你，才能模仿出真实客户的语言——"我不需要"，复现真实的销售场景。当销售人员通过通关，了解到应该如何面对客户的各种刁难后，他才能在实战中取得更好的结果。

↘ 提问能力：简短有力，直击核心

除了要扮演得像客户，考官还要会提问，提问是发现问题的"金钥匙"。真正区分一个管理者是否卓越的标准，是他能否通过提问来发现问题并赋能团队。因此，1个好问题胜过100个好答案。问题的质量决定答案的质量，只有高质量的问题才能引导出高质量的答案。

在真实的销售场景中，当"客户"提问时，销售人员能否迅速抓住客户的关注点，并给予正确的回应，将决定客户能否信任他。因此，客户提问是对销售人员胜任力的考验，同时也是对提问者的考验。只有问题精准，才能验证出销售人员是否有应对问题的能力。从这个角度看，提问的水平会直接影响通关的质量。

在企业实际通关的过程中，我发现许多管理者为了破冰或缓解尴尬，经常会问一些与考查专业能力无关的问题。请注意，通关是一场严肃的考试。由于通关时间宝贵，考官提问必须简短有力，直击核心。通常情况下，针对某个产品，客户最关心的问题并不多，一般不会超过20个，比如"你的产品为什么比别人贵啊？""与某某品牌相比，你的产品优势在哪里？""我们已经有合作的品牌，暂时不考虑换供应商"……总而言之，提问者要把客户最关心的问题原汁原味地罗列出来。客户提问的原话怎么说，你就要怎么呈现出来。因为只有真实的语言才会有现场感。

如果你实在不知道应该如何提问，不妨聚焦以下三个领域发问：第一，结合考题提问，在真实的销售场景中，客户会提出哪些疑问？第二，结合《评分表》提问。比如，某家企业的《评分表》从个人形象、公司产品、竞争对手分析、案例分享、成交控场等7个维度对通关人员的表现进行评分，那么你也可以结合《评分表》提问，比如你们的产品和竞争对手的产品有什么区别。第三，结合《渠道秘籍》提问。《渠道秘籍》是对销售方法论的高度提炼，从中也能找到相应的问题。

↘ 点评能力：双重纠错，扫描盲区

要保证通关的效果，除要求考官成为提问高手外，评委也要成为点评高手。在整个通关流程中，点评占到了很大的比重。整个点评环节分为两个步骤：一是1分钟自评；二是6分钟他评。

自评的本质是什么？是对自己的优点和缺点进行自我剖析，通过自我剖析，评估自己在专业能力上的优势和劣势。

他评的本质是什么？是通过模拟场景，让评委和考官进行反馈和指导，帮助销售人员进行纠错，让他们能在互动中学习。因为人往往很难发现自己的问题。有时候，只有经过高手的点拨，才能醍醐灌顶。因此，他评相当于让评委和考官从各自的视角，360度扫描销售人员在通关过程中出现的问题，而这些问题通常是销售人员自己发现不了的盲区。

在他人点评的环节，一定要注意点评顺序：先考官点评，再评委点评。评委点评时，职级从低到高开始点评，先由被通关者的直接主管点评，然后由直接主管的领导进行点评，以此类推……这样做的目的，是让所有考官和评委都能畅所欲言。请注意，由于时间有限，考官和评委只需要点出问题即可，不需要进一步展开。在点评的同时，会有专人记录考官和评委指出的问题。

具体应该如何进行点评呢？考官和评委可以结合以下三个内容进行点评：第一，结合考题点评，考量销售人员是否很好地回应了考题，完成了考题中的任务。第二，结合评分表点评。比如，从个人形象、公司产品、竞争对手分析、案例分享、成交控场等7个维度，哪些维度评分高？哪些维度评分低？通过评分，点评销售人员哪些方面做得很好，哪些方面做得不到位。第三，结合《渠道秘籍》点评。销售人员的通关表现，是否符合《渠道秘籍》中对销售人员的要求。

↘ 总结能力：提炼不足，对症下药

总结是整场通关活动的高潮，一次好的总结是对整场通关的升华。因此，每次通关至少要保留一个小时以上的时间进行总结。整个总结可以分为以下四个步骤。

☑ 第一步："2+2"分享

首先，我们要请今天两位被通关者上台分享通关体验。经过今天的通关，他们有哪些收获？哪些反省？接下来，再请两位观摩者上台分享，通过今天的通关，他们发现自己身上存在哪些问题？下一步计划如何改进？

☑ 第二步：高度提炼

通关是对销售团队做一次专业体检。那么，在体检中发现了哪些问题呢？公司一号位就要对今天通关存在的问题进行高度提炼，宣布"体检结果"，这是整场通关的重中之重。

还记得前面点评环节的小插曲吗？我们特意安排了专人记录考官和评委的点评，记录的目的就是为公司一号位的总结提供数据支撑。

如表6-3所示，这是某家企业标杆经销商的销售团队在通关过程中的评委点评统计表。该团队一共有10人参加总部组织的通关。其中，有9人被评委指出品牌价值塑造不够的问题，7人存在有效案例分析不够的问题，还有7人存在对竞品差异化及亮点分析不足的问题……显然，如果你的销售团队一半以上的人都暴露出同一个问题，那就说明这个问题是企业的共性问题。通过对评委点评的统计，我们看到此经销商的销售团队排名前三位的共性痛点是品牌价值塑造不够，有效案例分析不够，同时对竞品差异化及亮点分析不足。

因此，没有通关这个流程，销售团队的问题确实很难暴露出来。本质上，通关是给销售团队"把脉"的过程。在辅导企业通关的过程中，我发现老板和管理者的情绪常常会发生360度的逆转：上午通关期间，老板和管理者都情绪饱满，非常开心。一旦到了下午的总结环节，老板和管理者都是满脸凝重，甚至浑身冒汗，因为他们没想到自己平时做了那么多培训，团队还存在这么多共性问题，而这些问题常常是致命的，会严重影响公司的业绩。

表6-3 评委点评统计表

序　　号	内　　容	人　　数
1	品牌价值塑造不够	9
2	有效案例分析不够	7
3	对竞品差异化及亮点分析不足	7
4	紧张、不自信	4
5	不会挖需求	4
6	缺少聆听	3
7	问题异议处理欠妥	3
8	专业知识不够	3
9	沟通语速过快	2
10	目标不明确	2
11	审题不精确	1
12	无铺垫、无报价	1

续表

序　号	内　　容	人　　数
13	应变能力需要提升	1
14	优惠政策放得太快	1
15	关键点逼单力度不够	1
16	售后问题处理能力需要提升	1
17	预案准备不充分	1

☑ 第三步：公布分数

问题提炼出来以后，再由公司一号位（或营销一号位）当场公布通关结果。

通关得分由两部分组成：一部分是线上通关得分；另一部分是线下实战模拟得分。企业可以根据自己的实际情况设计二者的权重。比如，有的企业会选择线上线下得分各占50%；有的企业更加注重实战模拟结果，会将权重调整为线上占比30%～40%，线下占比70%～60%。

为什么需要公布通关的分数？因为我们要将通关得分作为评价标准之一，纳入后续的星级评定之中。即便销售人员的业绩达标，过程也达标，只要通关得分没有达标，照样无法被评上星级销售。而销售人员的星级是与他们的工资、晋升、降级和淘汰挂钩的，因此会倒逼销售人员不得不重视通关。这就是机制设计的魅力。

☑ 第四步：部署工作

问题暴露出来后，接下来就要对症下药，精准出击，聚焦于训练销售人员克服这些共性问题。因此，当问题提炼出来后，接

193

下来就要部署工作。未来三个月内，企业要把通关中暴露出来的共性问题变成课程，安排相应人员进行针对性研发，训练团队如何塑造品牌价值，如何做有效案例分析……传统的培训之所以没有效果，就是因为没有直击销售人员的痛点。只有先通过通关找到销售团队的命门，保证培训精准命中他们的命门，这种强针对性的培训才能真正引发他们的共鸣。

因此，通关是赋能的起点，没有通关的培训是无的放矢。通关是一面镜子，通过这面镜子观照销售团队在实战中的不足。只有通过通关发现不足，进而将问题变成课题，才能进行针对性培训。培训完成后，再组织通关来考察销售人员是否弥补了不足……如此循环往复，形成一个良性循环。

共创《渠道秘籍》：萃取销售方法论

工欲善其事，必先利其器。为了更好地组织通关，企业首先要组织渠道伙伴一起共创《渠道秘籍》，这本《渠道秘籍》是专门为经销商赋能所准备的。经销商可以用《渠道秘籍》来培训自己的专属团队。

在辅导企业时，我观察到一种非常奇怪的现象：许多公司动辄要求经销商业绩翻番，可是总部从来没有为其提供必要的知识、工具和方法，也从未指导他们如何达成如此宏伟的目标。即便在这种情况下，有些企业还经常向我抱怨："经销商招来的新员工在企业工作了三个月，还没法上手。"

其实，这不应该怪那些新人，而是总部应该反思自己有没有教会这些新人如何去做这件事。如果想要更好地为经销商赋能，那么总部就有义务为他们提供一套完整的销售方法论，制定标准的销售流程、操作规范和销售话术……让他们在工作中时刻有工具可依，快速找到各种难题的应对策略。

优秀的企业非常注重这一点，曾经看过一个关于OPPO手机品牌的故事：

有人问华为的一位朋友："为什么华为要向OPPO学习？"

他的回答是："进卖场之前做市场调研，问客户会购买哪款手机，58%的客户回答是：听说华为手机不错，想买华为手机。但是出了卖场，58%的人都买了OPPO，把华为忘了。因为OPPO对卖场一线人员的培训很到位，消费者从进店到观察、体验，再到咨询对比、议价，直到成交，每一个环节、每一个细节都是流程化管理，每个环节都有服务方案。"

譬如说，OPPO总结了"1335+1"的销售模式：1句最吸引顾客的话，3个独特功能体现，3种体验方法，5个技术参数，从而达成1个催单成交。这些全部都是标准化的，这就是OPPO对终端的管理。

事实上，OPPO总结出来的上述内容就属于《渠道秘籍》的一个部分——销售方法论。那么，《渠道秘籍》来自哪里呢？来自对实战高手的经验萃取。

我经常讲：文化需要传承，知识需要沉淀。再也没有比"一个好主意只用一次"更大的浪费了。如果渠道内部本来就有一拨高手，结果他们又离开了。而这些高手身上积攒的方法论都没有留下来，那么每个新人都要从0到1开始摸索。这就是经销商抱怨新人流失率大的原因。

怎样才能避免这种隐性的浪费呢？企业要把这些聪明人召集在一起，通过头脑风暴的共创，将这群高手头脑中的隐性知识提炼出来，加工为可复制的显性知识，形成标准的方法论，再复制给其他人，让他们通过学习高手的套路，快速达到高手60%~70%的销售水平。这就好比普通人只要按照大厨给出的菜谱来做饭，虽然无法完全复刻大厨的手艺，但达到60%~70%的水平还是没有问题的。

不过，曾经有一部分学员在课堂上向我反馈："陈老师，我们也意识到了这个问题，于是整理了类似于《渠道秘籍》的资料，发给大家学习，结果却收效甚微。"这是什么原因呢？因为他们低估了这件事情的难度。要保证《渠道秘籍》的实效性，企业至少要控制好以下几个关键点。

☑ 编委会成员

真正的《渠道秘籍》是在集体智慧的碰撞中共创出来的，不是靠某个人闭门造车式的独立创造。为什么有些企业编写的《渠道秘籍》没有效果呢？因为编写《渠道秘籍》的人不对。许多企业会把编写《渠道秘籍》的任务交给总部的管理人员。如果编写《渠道秘籍》的人不在一线，听不到真正的"炮声"，那么他就无法抵达真实的业务场景。因此，要想编出真正实战的《渠道秘籍》，首先要选择对的人。

哪些人适合纳入编委会呢？除总部的销售管理者及标杆员工外，总部还要挑选出标杆经销商及其金牌员工参与编写，因为他们是离一线顾客最近的那拨人，他们知道一线会面临哪些问题，以及如何更好地解决这些问题。编写《渠道秘籍》的过程，就是引导他们回到业务场景，进而共同来提炼和整理他们在一线的实战经验和真实教训的过程。

☑ 编写时间

影响《渠道秘籍》实战性的第二个因素是编写时间。有些企业好不容易选对了编委会成员，结果为求省事，将所有人集中两天，一次性就把《渠道秘籍》编出来了。以我的经验来看，一次成型的《渠道秘籍》通常缺少实战性。企业至少要花费三个月的时间，每月集中一次，每次进行两天的封闭式编写。

为什么要分成三次编写呢？这是我在辅导企业的过程中摸索出来的经验。通常来讲，第一次编写出来的《渠道秘籍》只能达到20%~30%的效果。当初稿编写完成后，所有人都带着答案回到实战环境中，这个时候，他们会不自觉地在实战中验证自己编写的内容是否有效。到了第二次集中进行头脑风暴时，许多人会修订上次的思路，经过修订的《渠道秘籍》大约可以达到50%~60%的效果。一个月后，再集中进行最后的修订，定稿后再转训给基层销售人员，并根据基层销售人员的反馈再进行修订，这个时候才可能达到80%~90%的效果。因此，只有对同一个问题经过反复头脑风暴，再回到实战中去验证，才能确保《渠道秘籍》的实效性。

你也许会疑惑：为什么不是100%呢？因为《渠道秘籍》的编写工作永远不会结束。它是为了更好地指导一线人员作战，而一线永远会产生新的变化和新的问题，对于这些新问题，总部需要每周组织头脑风暴来寻找新的解决方案。而每一次头脑风暴输出的方法论，都要及时地补充到《渠道秘籍》当中，进而保证其始终贴近一线的实际销售场景。

☑ 编写内容

虽然每家企业的行业特性不同，渠道设计不同，但是，所有《渠道秘籍》的内容都大同小异。编写内容包括以下几个模块。

● **第一模块：行业篇**

行业篇主要介绍行业容量、行业趋势、行业政策等。能否准确选择行业，直接决定了经销商及其团队的发展前景。因此，行业篇的目的是告诉每个渠道伙伴：你选择了一个最有前景的行业。男怕入错行，女怕嫁错郎。对于经销商和分销商来说，选择比努力更重要，一个好行业意味着好趋势和好政策，代表渠道伙伴选择了一个好未来。

● **第二模块：公司篇**

优秀的厂家能够带领经销商一起成长，做大市场，形成紧密的利益共同体甚至命运共同体。因此，公司篇要重点介绍公司的发展历程、公司文化、公司荣誉等。此外，还要重点介绍公司的产品、各项销售管理制度、各个岗位的画像及岗位职责、晋升通道等。这一模块的目的，是让所有经销商意识到自己选择了一个好平台，跟着你干比跟着友商干更有前途。与此同时，也让渠道一线的销售人员认识到自己选择了一家好公司，公司能提供好产品、好岗位和好前途。

- **第三模块：销售篇**

销售篇要根据销售对象的不同，分组来编辑。比如，总部开发经销商就属于经销商篇，经销商开发分销商属于分销商篇，分销商开发门店属于门店篇，门店要面对终端客户则属于终端用户篇。其中，每一篇面对的销售对象不同，销售流程也各不相同，要解决的问题也不同。比如，经销商可能关心的是"你怎么帮助我开拓更多的分销商"，而终端门店要解决的是"如何做好门店开业、节假日促销"。因此，在编辑不同模块时，企业要匹配相应层级的标杆进行头脑风暴。

尽管销售的对象不同，但销售篇编制的逻辑和内容相同，包括销售流程、销售准备、销售拜访、销售话术、销售成交、销售案例等。

比如，企业可以根据实战中的销售流程来编制：销售前，销售团队要做哪些准备工作？销售中，开发的流程分为哪几个步骤？每个步骤的标准流程及动作是什么？如何应对客户或经销商提出的异议？无论是经销商还是客户，他们真正关心的问题不会超过20个，那么针对这些客户关心的问题，要提炼最佳的解决方案。譬如说，如果经销商指责："你们厂家给的支持太少了，我不想做了。""你们的毛利空间太小了，赚不到钱。"这些问题都要一一做出回应，找到最优的解决方案。这些内容对于新人的培养意义极大，能帮助他们快速上手。

● 第四模块：客户篇

客户篇的内容包括客户画像、成功的客户案例及失败的客户案例、客户的分类管理、客户的服务流程及制度，以及售后问题处理等。虽然每家企业的情况不同，但整个《渠道秘籍》的内容都应该是以客户为中心，围绕客户的全生命周期来编制。

☑ 编写流程

编写《渠道秘籍》的流程应该如何设计呢？为了更好地萃取出标杆经验，我们要在编写流程上下功夫。

● 第一步：分组编写初稿

首先要根据每个人的特长，按照不同的模块进行分组编写。譬如说，一个组负责编写行业篇，一个组负责编写公司篇，一个组负责编写经销商篇，一个组负责编写分销商篇，一个组负责编写终端用户篇……在分组的过程中，编写团队先根据每个人的意愿度和专业度，选举出各小组组长，然后由组长选择组员。经过分小组讨论后，会形成《渠道秘籍》的初稿。

● 第二步：大组"拍砖会"

各小组完成初稿汇报后，就要开始大组"拍砖会"环节：由各小组之间相互"拍砖"，逐条逐字地讨论初稿。组织"拍砖会"的目的，就是要让不同的高手从不同的视角来打磨出更好的答案。"打磨"的过程，就是不断"提纯"销售方法论的过程。

● 第三步：重复以上动作3~4次

为了保证《渠道秘籍》中的知识和方法论能用于实践，我们故意将编写《渠道秘籍》的时间延长到三个月。我之所以建议企业每过一个月集中一次，就是为了让大家有机会在实战中去验证自己的答案。因此，如此重复3~4次的目的，就是要让所有高手能够回到实践中，确保《渠道秘籍》能做到"从工作中来，到工作中去；从业务中来，到业务中去；从实践中来，到实践中去"，不断刺激大家思考还有没有更好的答案，还有没有更实效的方法论。

● **第四步：编后培训，验证成果**

即便企业已经耗费数月完成了对《渠道秘籍》的反复打磨，到目前为止，这本《渠道秘籍》还只能打60分。为什么？因为还缺少一个动作——对销售团队开展《渠道秘籍》的培训，以验证这本秘籍能否真正帮助经销商拿到成果。因此，在《渠道秘籍》编写完成以后，每位编写成员都要认领一门培训课，并通过学员反馈来判断《渠道秘籍》是否具有"杀伤力"，并根据学员反馈来进行二次研发。经过二次研发的完善，这本秘籍基本上可以达到90分的效果。

为什么是90分而不是100分呢？因为销售方法论的萃取只有起点，没有终点。当市场变化时，又会产生新的方法论，所以《渠道秘籍》永远处于更新的状态。只有让《渠道秘籍》紧跟真实业务场景，不断地从新场景萃取新打法，再通过《渠道秘籍》快速复制推广给组织中的所有人，然后再复盘、再萃取，组织的战斗力才会越来越强，组织的方法论也会越来越夯实。

《渠道秘籍》共创完成后，总部可以选择在经销商大会上隆重地颁发给经销商。然后，再由经销商对他们的专属团队进行日常培训和通关。培训后，再配合每日小通关、每月中通关和每个季度或每半年的大通关，将这些知识全部应用于实战模拟之中。对于通关培训中发现的新问题，再将解决方案更新到《渠道秘籍》之中……

从这个角度看，编写《渠道秘籍》、通关和培训本质上是一个赋能的闭环系统。只要以上3个动作不断地循环往复，企业的销售方法论就会不断优化。与此同时，经销商的专属团队在一线实战中遇到的痛点和难题都会被各个击破。如此一来，经销商的作战能力就会得到飞跃式提升。因此，许多经销商向我反馈，自从导入通关这种形式，销售人员的成长速度可谓一年顶十年。因为一旦这个赋能闭环转起来，不仅可以将最好的方法论复制给销售团队，而且专属团队在实战中遇到了任何问题，都能第一时间得到解决。

因此，我经常强调：企业最大的资源浪费，是把没有经过通关训练的员工直接丢到战场上，最后这些新兵会损失惨重。在我带团队的过程中，所有没有经过通关训练的人不允许上战场。正如一位优秀的董事长所言："企业的核心资本是人才，而那些最终在市场上赢得竞争的，一定是拥有最强铁军的企业。这意味着我们想要成为行业第一，就需要拥有铁军团队。"因此，我们一定要将通关进行到底。

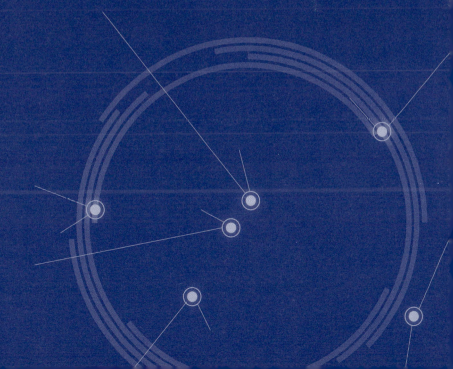

07

第七章

渠道机制：如何激活
渠道动力

以法治"渠"：用机制激发渠道的内在动力

如果说渠道开发是通过作战地图来明确达标路径，解决渠道伙伴"能不能做"的问题；渠道赋能是通过通关和《渠道秘籍》，赋予渠道伙伴作战能力，解决他们"会不会做"的问题，那么渠道机制要解决的问题是他们"愿不愿做"的问题。如何激发渠道伙伴的内在动力，让他们愿意挑战高目标？这往往跟激励机制有关。

去年，有一位企业家向我请教："陈老师，我有一拨跟了我们二十多年的经销商，本来合作还不错，但我发现时间长了，就出现了两个问题：一是经销商做出名气后，越来越多的厂家找他们合作，于是好多经销商开始三心二意，从专营转向多品牌经营，导致我们的产品份额占比越来越低；二是有不少经销商变成了'老油条'，小富即安，不想做大。我们怎么才能激活这些经销商的动力，让他们能够一心一意地跟着我们一起奋斗呢？"

这两个问题确实是渠道伙伴非常普遍的痛点。如果这家企业的产品没有问题，那么大概率是渠道机制出了问题。如果经销商每年无论经营成效好坏，厂家的政策都一样，那么他们自然就没有扩大销售的热情和动力。因此，要解决这个问题，企业必须通过机制来激活渠道伙伴的动力。

韩非子说："小智者治事，大智者治人，睿智者治法。"这句话告诉我们：最具智慧的人不是依赖于管理事务，也不是单纯去管人，而是去设计一套好制度。什么是好制度？胡适先生讲过一句话："好制度能让坏人变好，坏制度能让好人变坏。"一套好的制度，能让优秀经销商脱颖而出，得到更多的资源支持，让那些怠惰的经销商，快速离开这个平台。一套好的制度，能让整个渠道体系中最优秀的销售人员，在这个平台上获得成就感，获得升职加薪的机会，让那些"搭便车"的"老油条"无处遁形。

下面我来分享一个自己用了多年的实战工具——五星评定。五星评定的诞生可以追溯到二十多年前，当时我在一家企业负责营销管理，面临着三个经营难题：

- 老员工开始怠惰了，怎么去激活老员工的动力？
- 员工的晋升通道应该如何设计，才能体现公平？
- 有人跑得快，有人跑得慢，员工的基本工资应该如何体现他的价值贡献？

这三个经营难题和今天大多数企业面临的渠道现状几乎一模一样。

- 经销商跟公司合作时间长了，非常怠惰，如何激发渠道的动力？
- 由于大多数企业把经销商看成客户，因此对经销商是没有晋升机制的，无论经营好坏，几乎都不会有什么差别。
- 经销商享受的各种返利政策、价格政策没有与经销商创造的价值贡献相挂钩。大多是凭借过去的关系，或者历史功绩，致使老经销商可以吃老本，享受各种红利，而新经销商即便做得再好，也很难争取到更好的政策。

要解决这些问题，企业首先要有一套评定经销商价值贡献的机制，先按照评定标准，判断经销商到底为企业创造了多少价值。然后，按照"多劳多得、少劳少得、不劳不得"的原则，依据经销商价值贡献来匹配激励政策，让不同星级的经销商享受不同的政策，并将那些不创造价值的经销商及时淘汰出渠道队伍，保证渠道体系的新陈代谢。以此类推，经销商的销售团队也要导入五星评定，将星级评定的结果与销售人员的薪酬、晋升、淘汰等机制相挂钩。

一旦设计好这套机制，任何人都无法凌驾于制度之上。每位经销商或销售人员的星级是升是降，是走是留，一切只能根据规则来行事，否则就得离开。即便公司一号位，也不能干预机制的运行。只有这样，才能保证整套机制的公平公正，让每一位经销商、每一位销售人员都发自内心地信服，并按照规则的要求去努力。

接下来，我们就以渠道的五星评定为例，来阐述这套评定体系的底层逻辑。

评定标准是指挥棒

↳ 评定标准：要什么，评什么；评什么，得什么

评定标准是什么？是指挥棒。只有当评定标准明确时，大家才能明白：我应该往哪些方向努力，要努力到什么程度，达成哪些指标？因此，评定标准必须前置，事前向所有人公开，而不是等到评定时才公开。因为评定标准会牵引所有人的行为，激发他们挑战高目标的动力。

这个评定标准应该从哪些维度来设计呢？我们要以终为始来思考这个问题。五星评定的目的是激活所有人挑战高目标的动力。因此，第一个评定标准必然是业绩，这是大多数企业评价经销商的评定标准。

然而，大家忽略了一个问题：这个业绩是短期内一个阶段的业绩结果。短期业绩好不代表长期业绩好。要保证业绩长期好下去，还要找到业绩的驱动性指标。业绩的驱动性指标有两个：一个是过程指标，即是否按照作战地图的要求严格执行，因为每个管理者都明白：只有好过程，才能带来好结果。另一个是专业指标，即通关得分，因为客户需要的不是一个简单的销售人员，而是一个专家型的购买顾问。只有专家型的购买顾问才能为客户提

供专业的购买方案。

综上，评定标准可以从三个维度进行思考：一是业绩得分，二是过程得分，三是通关得分。

- **业绩得分**

大多数企业都会考核业绩结果，但业绩如何考核？这也是一门学问。许多企业在考核业绩方面都犯了一个错误：只考核业绩总额，却忽视了业绩结构。

从业绩结构角度来看，业绩包括老业绩和新业绩。老业绩是存量业绩，是指由老客户、老产品或老市场所贡献的业绩，而新业绩是增量业绩，是指由新客户、新产品或新市场所贡献的业绩。

老业绩是经销商或销售人员过去努力的结果。如果要避免经销商或销售人员躺在老业绩的功劳簿上吃老本，那么最好的办法就是除考核总业绩外，还要单独考核新业绩，鼓励经销商和销售人员去开发增量业绩。

一位企业家二代向我说起他所面临的尴尬处境：他们家有多个板块的业务，其中在最传统的业务板块里面，有一支历史悠久的销售铁军，这支销售铁军追随他父亲30年，一路帮助他父亲开疆拓土，将企业做到几亿元的规模。但近10年来，这个队伍除他以外，再没有进过一个新人。凭借老客户的关系，这些人一年几乎什么也不用干，就可以拿几十万元的提成。然而，由于没有人去开发新客户，企业的业绩已经连续10年没有增长了。

为什么这家企业的业绩10年没有增长，销售人员却可以一年拿几十万元的提成？这不能归咎于员工，而是因为机制设计不合理。企业不考核新增业绩，大家就可以守着老客户吃老本。可是，没有新客户进来，企业怎么可能有增长？更要命的是，这些人自诩销售能力很强，但由于长期不去开发新客户，能力早已退化。因此无论如何，企业一定要重视对增量的考核。

• 过程得分

在刚开始设计五星评定时，我也是以业绩结果论英雄，结果发现评定结果很尴尬：相当一部分老员工，仗着自己业绩不好，公然不守规则。比如，公司要求每周进行两个有效拜访，结果他们根本不执行，也不在乎赞助的那点小钱。这给销售团队带来了各种负面影响，也使我不得不反思：这样的高星级员工是我想要的标杆吗？显然不是。

做过管理的人都知道：好过程才能带来好结果。在辅导企业的过程中，我观察到很多管理者虽然也在抓日常动作的考核，但他们没有把动作考核与晋升机制、薪酬机制关联起来。这等于没有动到员工的根，员工的感触自然不深。

如何才能让大家重视这个问题呢？我们要把作战地图的执行结果纳入星级评定的标准。一旦过程得分被纳入五星评定考核，就意味着作战地图执行是否到位，将影响你的星级评定结果，进而影响你的工资和晋升。这样一来，这些"老油条"就从"无所谓"变成"有所谓"了，极大地避免了员工"放羊"现象的发生。

如果作战地图的执行结果不与考评标准相挂钩，那么作战地图就很难被坚定地执行下去。因此，过程得分的目的，就是将作战地图与五星评定相贯通。

- **通关得分**

多年前，当我按照业绩得分和过程得分来评定五星评定时，我发现每次总会出现一些"意料之外"的高星级员工。这些高星级员工业绩非常不稳定：这个季度能评上四星级，下个季度只能评上一星级……为什么？因为这些人专业能力不达标，导致他们只能偶尔运气好，碰到一些优质客户。实际上，能力内核才是保证业绩稳定的原因。

从根本上讲，客户其实是为销售人员的专业买单。那么，怎么来验证一个人的真实水平？我想到了通关考核。通关考核一开始的目的是提升销售人员的专业能力，找到销售人员的不足。但是，找不足的过程也是对其专业能力进行考核的过程。因此，我想到了把通关得分也作为五星评定的标准。

请注意，这三个评定标准是并列关系，三者缺一不可。因此，在评定星级时，必须遵循木桶原理，按照最低指标定星级。这是什么意思呢？假设一位经销商业绩达到了5星级，过程达到了3星级，专业达到了4星级，那么这位经销商只能评定为3星级。

为什么是这样呢？因为星级本身有一种示范效应。企业进行星级评定是为了树标杆。评定星级的过程就是树标杆的过程。通过五星评定的标准，企业可以告诉所有渠道成员：我们需要什么样的经销商，我们需要什么样的销售人员……无论你是经销商还是外部专属团队，都必须符合业绩好、过程好、专业好的"三好"画像。

早在20多年前，当我把这三个评定标准想清楚以后，我仿佛突然领悟到了管理的真谛。直到后来开始辅导企业时，我才猛然发现，相比内部团队，渠道合作伙伴其实更需要这套体系。只有将所有经销商都纳入五星评定，才能保证企业所有的经销商都按照以上标准去努力；只有经销商、分销商、零售商的团队导入五星评定，才能激活这群真正在一线服务终端客户的人。因此，与之前笔者出版的图书内容不同，这本书重在阐述如何在渠道系统落地五星评定。

在渠道体系导入五星评定的过程中，又要细分两类场景：一类是对经销商的五星评定；另一类是对经销商旗下销售团队的五星评定。二者在评定标准的选择上又不相同。因此，本节将阐述在两种不同的场景下，评定标准分别应该如何设计，以便于企业落地实操。

↘ 场景1：经销商的评定标准

如表7-1所示，这是某企业为经销商设计的五星评定标准（半年）。

该企业选择的评定标准有三个维度：一是业绩得分，业绩得分又分为经销商的营收规模和销售网点建设；二是过程得分，考核经销商的团队建设，即营销团队的人数是否达标；三是通关得分，考核的是经销商的市场管理能力，即是否存在低价倾销或跨区域串货的行为。

表7-1 某企业为经销商设计的五星评定标准（半年）

星级	考核项目						
	业绩得分		过程得分	通关得分		奖惩标准（每月）
	营收规模/万元	销售网点建设/个	团队组建的规模/人	市场管理能力	用户满意度评分	
五星级	3 000	100	20	无低价倾销及跨区域串货的行为	100	1.享受10%返利 2.享受总部的驻站式帮扶≥30天/月
四星级	2 500	80	16	无低价倾销及跨区域串货的行为	99	1.享受8%返利 2.享受总部的驻站式帮扶≥25天/月
三星级	2 000	60	12	无低价倾销及跨区域串货的行为	98	1.享受6%返利 2.享受总部的驻站式帮扶≥20天/月
二星级	1 500	45	9	无低价倾销及跨区域串货的行为	97	1.享受4%返利 2.享受总部的驻站式帮扶≥15天/月
一星级	1 000	30	6	无低价倾销及跨区域串货的行为	96	1.享受2%返利 2.享受总部的驻站式帮扶≥10天/月

下面，我们就来分析这家企业为什么会选择以上几个评定标准。

☑ 业绩指标

业绩指标的设计没有统一的标准，企业充分利用评定标准这个"指挥棒"的导向性。要什么，就考什么。

以案例企业为例，总部直营团队占比很小，主要是靠线下经销商来卖货。因此，经销商业绩好，总部业绩就好。基于此，总部将经销商的营收规模作为总业绩的考核指标。归根结底，设计总业绩指标的过程，就是将企业的目标分解到各个星级的过程。只要业绩标准设计科学，五星评定就会成为一个战略目标的执行落地系统。当每个经销商追求星级时，企业的战略目标自然就完成了。

除此以外，这家企业还要考虑新业绩。如果经销商只是在当地吃老本，不继续开发网点、拓网深耕，那么营收规模很难有大突破，很难实现高增长。也就是说，要想经销商业绩实现大幅增长，必须引导经销商开拓新网点，对所辖区域进行精耕细作。基于此，这家企业将二级网点的开发数量作为新业绩的考核指标。

值得提醒的是，新业绩的考核指标应该根据战略重心的调整而调整。假设企业下半年要隆重推出一款新产品，为了激励经销商销售新产品，那么也可以将新产品销售业绩作为业绩考核指标。一旦新产品销售业绩影响经销商的星级，自然会倒逼所有经销商充分重视新产品的销售。

☑ **过程指标**

这些经销商要想实现大增长，开发更多的二级网点，就必须投入资源，组建更大的销售团队。因此，总部将团队组建的规模作为考核经销商的过程指标。因此，设置这个过程指标的目的，就是引导经销商做大自己的销售团队。只要总部对经销商进行团队赋能，那么最终经销商的销售铁军规模越大，业绩增长的幅度也就越大。

☑ **通关指标**

通关指标考核的是经销商的专业水平。在我所服务的企业当中，通关指标的设计各不相同：有的企业会要求经销商每个季度回总部做述职，进而将述职报告作为通关指标的考核分数。也有企业会将经销商的市场管理能力和用户满意度评分作为经销商的通关指标，案例企业就属于此类。

用户满意度的重要性不言而喻，可是，为什么案例企业会将市场管理能力作为考核经销商的通关指标？因为总部一直为经销商的市场管理能力问题所困扰。不少经销商为了快速出货，在本地故意放低价，低价倾销破坏市场；还有不少经销商出现了跨区域串货的行为。一旦市场管理混乱，势必会扰乱企业的价格体系，影响总部与其他经销商之间的合作关系，也会影响品牌在市场中的声誉。

基于此，这家企业将低价倾销和跨区域串货作为经销商的通关指标。任何经销商一旦有低价倾销或跨区域串货的行为，即便他们的业绩达到了五星级标准，仍然无法被评上星级，也无法享受星级对应的激励政策。如此一来，就能从源头上遏制经销商的低价倾销和跨区域串货行为。

当然，如果企业不存在低价倾销或跨区域串货的烦恼，那么我建议企业可以将经销商的经营管理能力作为通关的评定标准。

如何衡量经销商的经营管理能力呢？企业可以通过定期述职对经销商进行通关考核，述职报告要重点介绍该经销商的业绩增长情况，各类产品的销售情况，团队成员的招聘、培训及管理情况，二级网点的开发情况，对于终端零售商的帮扶情况等，通过述职来判断经销商的经营管理能力是否有所提升。

当然，这是该企业总部对经销商考核的一个基本模板。由于中国市场复杂，企业在设计五星评定的指标时，也要进行分层分级。譬如说，以上是对省会级城市经销商的评定标准。同样，地级城市经销商和县区级城市经销商的业绩指标和团队组建的规模都有其对应的标准。总而言之，五星评定指标的设计要充分考虑中国市场的不规则性和复杂性，根据不同渠道实际的购买力进行调整，切不可一概而论。

以此类推，除经销商外，企业还要对其所开发的二级网点进行五星评定。依据五星评定的结果，来明确经销商对二级网点的激励政策和帮扶力度，以保证企业的资源投入最能产生价值的地方。

↘ 场景2：经销商销售团队的评定标准

经销商需要导入五星评定，经销商的销售团队更需要导入五星评定。在走访经销商的过程中，我发现大多数企业的经销商都有一个特点：专注于做事，很少思考人的问题。因此，大多数经销商对于销售团队都没有一套科学的激励机制。但实际上，这群人才是真正驱动公司业绩的决定性因素。如果他们没有动力，那么业绩不可能好。根据我辅导企业的经验，一旦激活了这群人，业绩往往会呈现井喷之势。

那么，针对经销商的销售团队，五星评定的评定标准应该如何设计呢？我们应当从以下三个维度来构思。

☑ 业绩维度：结果得分

一般来说，在考核销售团队时，我建议企业不仅要考核总业绩指标，还要考核新业绩指标。为什么要这样设计？这是因为总部不仅要关注总业绩的完成情况，还要关注业绩的构成是否符合公司的战略方向。比如，公司本季度的目标是推出某款新品，如果不考核终端销售人员的新品业绩，他们就会习惯于卖老品，这是由人性决定的。

再比如，如果公司要大力发展新客户，那么就要考核终端销售人员新产品贡献的业绩。相反，如果公司的战略是要做大老客户，那么就要考核老客户所贡献的业绩。总而言之，考核标准会引导销售人员的行为，因此，在设计考核指标时，要充分重视考核指标的作用，利用考核指标牵引员工的行为，使得他们的日常动作对准公司的战略。

具体来说，业绩指标应该如何设计呢？企业要遵守业绩指标设计的5个原则。

☑ 原则1：星级越高，指标越高

如果你想成为五星级经销商，那么必须达到五星级的回款或增长率，这个不难理解。本质上，星级是成员对组织的价值贡献的一种外在体现。通过星级之间的竞争，可以激励经销商和销售人员努力提升自己的星级。

☑ 原则2：星级越高，人数越少

在五星评定系统中，被评上五星级的难度可谓百里挑一，这是一件非常荣耀的事情。

今天星级评分系统已经普遍被应用于各种电商平台，几乎所有商家都会被评为不同星级。但是，本书的星级评定系统不同于我们平时在电商平台上的星级评分系统，我们评分的目的不是将所有经销商和员工分类为不同星级，而是要让星级成为一枚勋章、一种荣誉。因此，在五星评定的过程中，我们要确保星级的稀缺性。原则上，我们要让50%以上的人评不上星级。

具体来说，各星级的人数应该如何分布才较为合理呢？给大家一个参考：

- 五星级：1%~2%
- 四星级：2%~3%
- 三星级：3%~5%

- 二星级：5%~10%
- 一星级：10%~20%

如果所有成员都被评上了星级，那就说明你的业绩指标定低了。相反，如果只有极少数人能评上星级，那就说明你的业绩指标定高了。

☑ **原则3：业绩指标可以填写收入、个数和三大率**

业绩指标应该用什么来衡量呢？企业可以有以下三种选择。

一是填写收入，这里的收入不仅仅指货币单位"元"，还可以转化为业务人员所熟悉的单位，比如吨、立方、箱等，这样做的目的是让所有人更加直观地看到自己要达成的业务目标。

二是填写个数，比如经销商要开发几个分销商。为了确保个数的质量，企业必须对个数设定质量标准。举个例子：假设某位经销商每月要开发两个分销商，如果这个分销商每月带来的销售额只有500元，那么这个分销商就没什么价值。因此，企业必须设定分销商的门槛，比如要求分销商每月回款金额不低于10万元，才能算一个合格的分销商。同样，如果企业要开发会员的个数，那么会员的消费金额要达到多少，才能算一个合格的会员……

三是填写三大率，即目标完成率、市场占有率和同比增长率。譬如说，企业可以在年初设定好销售人员的业绩目标，再以目标完成率作为业绩考核指标，以此来激励销售人员超额完成目标。如果企业想要快速扩大市场份额，那么就可以将市场占有率作为业绩考核指标。如果企业面对的是成长型业务或者新业务，追求的是业务的快速增长，那么也可以将同比或环比增长率作为业绩考核指标。具体选择哪个指标，取决于企业该阶段的战略目标，不同发展阶段的企业所衡量的财务指标可能会有所不同。

☑ 原则4：定格四星级

各星级的业绩指标应该从哪里来呢？我教大家一个窍门，先定格四星级的业绩指标。

四星级标准=上个年度冠军的业绩÷4（季度评定）

=上个年度冠军的业绩÷2（半年评定）

也就是说，如果要设计经销商的业绩指标，就要把去年做得最好的经销商的业绩定为四星级的评定标准。为什么要把最好的业绩放在四星级，而不是五星级呢？因为要不断提升标准，把今天做得最好的业绩放在明天的四星级，不断地鼓励所有人超越标杆，刷新冠军纪录。

☑ 原则5：结合公司年度目标及人员规划

什么叫结合公司年度目标及人员规划呢？即公司的年度目标要通过星级评定的指标，分解到每个经销商或每个人头上。那么，分解的逻辑是什么呢？我们要把星级标准与年度目标相挂钩。

五星级标准=年度挑战目标÷销售团队转正人数÷4（季度评定）

=年度挑战目标÷销售团队转正人数÷2（半年评定）

一星级标准=年度合理目标÷销售团队转正人数÷4（季度评定）

=年度合理目标÷销售团队转正人数÷2（半年评定）

这个公式是要告诉所有人：你能完成挑战目标，就可以评为五星级销售人员。同样，只有完成合理目标，才能被评上一星级销售人员。举个例子：假设某经销商设定的年度挑战目标是1.2亿元，年度合理目标是8 000万元，销售团队的转正人数是20人，那么五星级标准就等于150万元，而一星级标准就是100万元。

以此类推，经销商的业绩标准也要根据总部的挑战目标及合理目标来设定。一旦一星级和五星级的指标定下来后，按照星级越高，指标越高的原则，那么二星级和三星级的业绩指标就很容易定下来了。

按照以上5条原则，企业就可以设计出各星级的业绩指标。值得提醒的是，在设计业绩指标时，不可简单地对市场一刀切，而是要根据实际情况进行调整。比如，虽然同样是经销商门店，但新门店和老门店的业绩标准要分开设计，可能新市场的五星级指标等于老市场的一星级指标；同样，假设在某经销商的辖区内，既有一线城市门店，也有四五线城市门店，那么业绩评定标准也应该加以区分，考虑两个市场的购买力不同，可能一线城市的一星级指标等于四五线城市的五星级指标；以此类推，企业也可以对商圈进行分类，如城区门店、城郊门店……考虑到两个市场的购买力差异，也要对业绩指标进行适当调整……总之，在设计业绩指标时，总部要指导经销商依据实际情况进行灵活调整。

☑ 过程维度：过程得分

大多数企业在考核销售人员时，往往只看业绩结果。我自己也犯过同样的错误，但幸运的是，我很快意识到"唯业绩论"一定会给企业带来副作用。比如，有些"老油条"仗着自己有老客户撑腰，业绩很不错，根本不把公司的规章制度放在眼里。即便公司要求所有人都要按照作战地图的有效动作来执行，然而，这些"老油条"偏偏不遵守公司的规定，即便完不成受到惩罚，他们也根本不在乎。如果这种"老油条"也能被评上高星级员工，那么势必会动摇整个团队对作战地图的决心。

怎样才能避免这个问题？最好的办法就是把作战地图与五星评定结合起来，将作战地图中的有效动作作为考评的标准之一。可是，作战地图的考核机制是少一个赞助多少钱，且每个动作赞助的金额不同，因此，赞助金额很难作为考评标准。后来，我终于想到一个办法，将赞助金额转化为过程得分。

具体如何操作呢？分为以下三个步骤。

☑ 第一步：在作战地图中选择一个有效动作作为过程得分的考核动作

在前面设计作战地图的环节中，我们要求作战地图中的有效动作不要多于3个，那么，这3个动作不可能全部纳入五星评定考核，否则销售人员就可能追求面面俱到，而不是把一个有效动作做到极致。因此，如果你在作战地图中的动作比较多，那么要从中选择最关键的"牛鼻子"动作作为考核动作。

☑ 第二步：将该有效动作的赞助金额转化为分数

在作战地图中，每个考核动作都对应了一笔赞助金额。但是，如何才能把这个赞助金额用于过程考核呢？在思考这个问题的过程中，我突然想到大学课堂上的一句话：物质与物质之间是相互转化的。那么，我是不是可以将金额转化为分数呢？

如果要把金额转化为分数，那么转化的比率应该如何设计才科学？一个动作应该算几分呢？这便要考验管理者的智慧了。因为如果每个动作分数太高，就显得过于严苛，没有为销售团队留下任何一点犯错的空间；相反，如果每个动作分数太低，又难以对销售人员起到震慑作用，导致销售团队过于懈怠和松散。因此，管理者要把握好这个度。

根据我在实战中的经验，可以给企业一个参考区间：对于"早出晚归型"企业，建议每个有效动作1~3分；而对于"周出月归型"企业，每个有效动作3~5分。

☑ 第三步：计算过程得分

当有效动作的分数定下来后，根据不同销售人员赞助的次数，就可以计算出每个人的过程得分，其公式为：过程得分=100分−次数×分数。

举个例子：某经销商为门店导购设计的作战地图中，选择了"加微信"作为过程考核动作。导购小王每天"加微信"的动作量化是2个。而门店型企业属于"早出晚归型"企业，因此公司规定每缺少1个，要赞助20元。如果10元=1分，那么每少加一个微信应该扣2分。到了季度末，督导统计导购小王本季度一共少加了10个微信。那么，小王的过程得分为：

100−10×2 = 80（分）

因此，根据表7-2某经销商终端门店导购的五星评定（季度评定）中对过程得分的标准，小王的过程得分达到了三星级的标准。

表7-2　某经销商终端门店导购的五星评定（季度评定）

星级	总季度业绩达成率	季度主推产品完成率	过程得分	季度通关得分	工资/元
五星级	130%	130%	90	90	8 000
四星级	120%	120%	85	85	7 000
三星级	110%	110%	80	80	6 000
二星级	105%	105%	75	75	5 500
一星级	100%	100%	70	70	5 000

☑ 专业维度：通关得分

销售团队的专业得分则直接来源于销售人员在大通关中的得分。前文提到，大通关由线上通关得分及线下通关得分组成。企业可以根据自己的实际情况，按照5:5或4:6的占比计算大通关得分。

星级决定激励资源分配

五星评定并非仅仅是为了评定星级，而是为了给激励资源的分配提供一套公平的标尺。当然，经销商需要的激励以及经销商的销售团队所需要的激励有所不同。因此，这个激励资源也要分开来阐述。

↘ 星级决定经销商的激励政策

如果经销商没有导入五星评定系统，会出现什么现象呢？在经销商中也存在非常多的"老油条"，这些人耗费了企业大量的资源，却没有创造相应的价值。

为何会出现上述情况呢？因为过去大多数企业的经销商能拿到什么政策，几乎都是由老板一个人决定的。有些经销商和老板合作多年，早就处成了兄弟。只要兄弟会哭穷，那么各种优惠政策就向他倾斜。但是，大家往往忽略了一点：人性是变化的。这些经销商兄弟一开始可能是愿意奋斗的，但随着其财富的逐步积累，他们可能小富即安，慢慢地开始懈怠，甚至禁不起诱惑，同时和其他竞争对手合作。但是，这片区域已经被该经销商所占据，其他经销商又进不来，这个时候，企业进退两难。因此，我们必须有一套动态的激励机制，让激励资源可以流动起来，而不是始终掌握在一小部分人手里。

具体怎么操作呢？很简单！企业可以将星级与激励资源相挂钩。

如表7-1所示，这家企业就将返利政策与星级关联起来：五星级经销商可以享受10%的返利，四星级经销商可以享受8%的返利，三星级经销商可以享受6%的返利，二星级经销商可以享受4%的返利，一星级经销商可以享受2%的返利，无星级的经销商没有任何返利。以此类推，这家企业还将驻站式帮扶作为一个重要的激励资源。此外，拿货价格折扣、样品支持、促销政策、市场活动、免费培训……都可以与星级相挂钩，以保证企业的资源能够投放到能产生价值的地方。总而言之，只要是经销商想要的资源支持，都应该与星级相挂钩。

如果总部的一切资源支持都要按照星级来分配，那么经销商一定会想方设法来提升自己的星级。如此一来，资源分配和政策倾斜不再由某个人来决定，而是由经销商自己来决定。

通过每半年开展一次的五星评定（特殊情况下可以一年开展一次），不断刷新经销商的星级，优秀的经销商会升级，落后的经销商会降级。如果一位经销商连续两次评不上星级，末几位会被淘汰，失去经销商的资格。淘汰不合格经销商的同时，被他们占有的资源就被释放出来了，用以支持其他更优秀的经销商。

通过五星评定这个动态机制，激活渠道活力，引领经销商奋勇向前冲锋。经销商要想获得更多的资源和更好的政策，唯一的方法就是努力提升自己的星级。一旦懈怠下来，过去享受的各种政策倾斜也会化为乌有。只有这样，才能保证将资源倾斜给真正有能力、肯奋斗，能与公司共同成长的经销商。

因此，对经销商进行五星评定的过程，实际上也是一个优胜劣汰、人才培养的过程。通过五星评定，淘汰一些业绩长期没有增长的经销商，同时也激励了那些真正努力的经销商，把他们打造成标杆，让他们去影响更多的经销商。

归根结底，一家企业的经销商队伍是否有活力，本质上取决于企业的机制设计。一个没有机制设计的企业，只能靠老板来分配资源。但是，一旦老板参与分配，就不可能做到真正的公平。即便老板尽可能做到一碗水端平，也会引起经销商的不满、猜忌等，总有人会不满意。只有让机制来充当老板，才可能真正走向公平、透明。从这个角度讲，机制才是真正的老板。当机制成为老板后，企业才能真正做大。

↘ 差额激励：星级决定销售人员的薪酬

同样，对于经销商的销售团队而言，星级将决定销售人员的薪酬、晋升和淘汰。他们能拿多少工资、晋升到什么岗位、是否会被淘汰，这些并非由老板决定，而是由他们自己决定的。

在走访经销商的过程中，我发现绝大部分企业的薪酬设计都极其不合理：所有销售团队成员的基本工资都是一样的。试想一下，如果一个工作了10年的老销售人员和刚刚参加工作的新员工基本工资相同，那么他们分别会产生什么样的想法？老销售人员会愤愤不平，工作了10年，工资水平还和刚刚进来的小伙子一样。新销售人员也会惶恐：在这家公司即便待上十年也不过如此，那还有什么奔头？因此，薪酬必须与星级挂钩。销售人员的星级越高，证明他的贡献越大，他的工资就应该越高。

举个例子，假设在没有开展五星评定之前，所有销售人员都是每月5 000元的基本工资。经过五星评定后，每个星级的员工都要根据星级水平来进行差异化设计薪酬。

如何才能在薪酬上体现出不同星级的差别呢？企业要遵循以下三条原则。

☑ **原则1：梯度原则**

所谓梯度原则，即对不同星级的销售人员的工资进行差额设计：星级越高，拉开的差距就要越大。如表7-2所示，各星级的工资分别为5 000元、5 500元、6 000元、7 000元和8 000元。其中，一星级与二星级、二星级与三星级的差额均为500元，而三星级与四星级、四星级与五星级的差额则均为1 000元。星级越高，差额越大。

☑ **原则2：封顶原则**

薪酬激励也不可矫枉过正，必须把握好激励的尺度。过去在辅导企业时，我发现许多企业为了调动一线销售人员冲击五星，把五星的工资定得特别高，这就违反了薪酬设计的第二条原则——封顶原则。什么是封顶原则？即五星级销售人员的基本工资不得高于一星级销售经理的基本工资。以此类推，五星级销售经理的工资不得高于一星级销售总监的工资……因为一旦管理者的工资薪酬不如销售人员，那么就没有人愿意做管理者。没有管理者，新人就培养不出来，团队就很难做大规模。

☑ **原则3：内外兼顾原则**

内外兼顾原则中的"内"是指企业既要参考其他内部岗位的薪酬水平，切忌将销售人员的薪酬凌驾于其他岗位之上，使其成为"众矢之的"。因为业绩的取得是所有岗位共同努力的结果，我们不能忽略了其他岗位的贡献，所以在薪酬上要考虑各个岗位工资水平要均衡。而"外"则是指企业在设计薪酬时，要参考行业薪酬水平，确保你们公司的薪酬要高于行业平均水平，这样才有竞争力。

根据以上三条原则，企业就可以设计出合理的薪酬指标。

➔ "赛马"原则：星级决定销售团队的晋升、降级和淘汰

星级决定销售团队的薪酬，同样也决定销售团队的晋升、降级和淘汰。

在调研企业的过程中，我发现许多经销商抱怨无人可用，但实际上，他们不是无人可用，而是缺少一套"赛马"机制，要让"千里马"自己涌现出来。赛马不相马，与其凭借自己的经验去挑选"千里马"，不如通过比赛来验证马的实力。人才不是选出来的，而是赛出来的。五星评定的底层逻辑就是通过"赛马"的结果来决定销售人员的升降和去留，这个过程不需要任何人的干预。

这套"赛马"机制该如何决定销售团队的升降和去留呢？

☑ 第一步，企业要设计双晋升通道

为什么要强调双晋升通道？因为大多数企业对于销售人员只有一条管理线的晋升通道。如果销售人员业绩好，就把他提拔为销售管理者。这种做法最大的问题是忽略了一个事实：一个好销售人员不一定能带好一个销售团队。为什么呢？因为从个人贡献者转变为团队管理者是一个很大的跃升。销售高手只要自己会做业务就可以了；而销售管理者的任务是带出一支高绩效队伍，销

售管理者是通过下属的成功而达成结果的。这就要求销售管理者必须有利他之心，更要有复制高绩效人才的能力。

这就带来一个问题：如果一个人销售能力很强，但管理能力很差，这就会让企业进退两难。如果让他带团队，那么大概率会把团队带得四分五裂；如果不让他带团队，他又感觉到自己没有上升空间，大概率会离开这里。

怎么办呢？最好的办法是为销售人员另外开辟一条专业晋升通道。如此一来，销售团队就可以有双晋升通道：管理线晋升通道和专业线晋升通道。

☑ 第二步：将晋升标准与星级挂钩

双晋升通道明确后，接下来，企业要将晋升标准与星级挂钩。

如果销售人员连续两次五星评定在三星级以上（含三星级），且老带新转正，则可以挑战一星级销售经理。如果公司需要新的销售经理，这时候，他就可以走马上任。同样，如果连续两次被评为销售经理，就可以挑战一星级销售总监岗位。以此类推，如果两次被评为销售总监，就可以挑战一星级营销副总裁。在我所辅导的企业中，许多营销副总裁都是按照这条晋升路径走上来的。这就是管理线的晋升通道。

如果销售人员已经连续两次达到了四星级标准，但始终无法老带新转正，那就说明这位销售人员专业能力强，但管理能力弱。这个时候，就可以考虑让他走专业线晋升通道。

举个例子：假设某经销商在其负责的区域内开设了多家门

店，平时只是在门店内被动等待客户上门。那么，如果你想把业绩做大，是否可以考虑主动出去开发一些大客户？当然，大客户开发难度更大，这个时候就需要专业水平更高的特种兵销售。那么，什么人能成为特种兵销售呢？我们可以设计一条从普通导购到特种兵销售的专业线晋升通道。

普通导购只要连续两次被评为四星级以上（含四星级）销售，就可以挑战一星级区域特种兵销售，专门服务区域内大客户。虽然一星级特种兵销售属于专业线，不需要带团队，但是，他可以享受经理级别待遇，其基本工资要向经理看齐。这就好像军队中的技术兵，虽然不带兵，但享受军衔荣誉及同级别待遇。

如果该经销商负责的区域很广，除了区域特种兵销售外，还可以增设战略特种兵销售。如果连续两次被评为三星级区域特种兵销售，就可以挑战一星级战略特种兵销售，开发总部大客户。比如，该代理商所在区域内有全国连锁的大客户，则交给总部特种兵销售来开发。同样，战略特种兵销售应该享受总监级别待遇。

☑ 第三步：将星级与降级、淘汰挂钩

既然星级可以决定销售管理者的晋升，同样也可以决定销售管理者的降级。

今天企业普遍存在管理者"只升不降"的问题，这就导致许多管理者有恃无恐，没有危机感。同时，一些不称职的管理者堵住了晋升通道，形成了"劣币驱逐良币"的恶性循环。因此，

要想组织具备活力，就必须让职位流动起来：做得好的人可以晋升，做得差的人必然会面临降级。

那么，降级如何与星级挂钩呢？很简单，如果销售管理者连续两次评不上星级，那么就要降一级。举个例子，假设一位销售经理连续两次都评不上星级，那么就会降为普通销售人员。

同样，销售团队的淘汰机制也要与星级挂钩：如果连续两次评不上星级，业绩排名末几位的人员便要予以淘汰。正如杰克·韦尔奇所言："一个把未来寄托在人才上的公司必须清除那最后的10%，而且每年都要清除这些人。只有如此，真正的精英才会产生，才会兴盛。"

因此，五星评定机制最大的特点就是"动态"——随时根据销售人员的表现而调整薪酬和岗位，真正做到了"让干部能上能下，让待遇能升能降，让人能进能出"，将企业外部的市场竞争压力转化为企业内部的竞争压力，使得员工始终保持一种紧张感，始终保持奋斗的状态。

最终，老板不是给员工安排工作岗位的，而是给员工搭建晋升阶梯的。员工能晋升到什么岗位，能获取多少薪酬，都是由他自己说了算。这样一来，员工就会变被动为主动。过去是老板要我干，现在是我自己要干。一旦员工的主动性被激发出来，遇到问题时，他就会调动自己全部的潜能去解决问题。

当我把星级与所有激励因素挂钩后，我突然发现五星评定已经集成为一个简单的系统级工具，它用一个系统串联了十个管理模块：业绩考核、过程考核、通关体系、销售秘籍、培训、员工工资、经销商激励政策、晋升、降级、淘汰。如果企业没有五星评定，那么这些模块可能需要多个部门来负责，销售团队就要进行多头对接。并且，每个部门的标准都不统一，比如工资方面有一套标准，晋升方面有一套标准，淘汰方面又有一套标准……这就是今天许多一线销售管理者抱怨没有时间做业绩的原因，因为80%的时间都用于应对各个部门的管理事务之上了。只有将所有管理事宜全部打包到五星评定系统之中，从而极大地简化管理工具和管理流程，才能真正地实现新的二八法则：将80%的时间投入到一线市场和客户，把20%的时间用于管理。

从这个角度看，五星评定是一个高效管理系统。2024年年初，我在今麦郎专场辅导的现场，向今麦郎全体中高管及标杆经销商分享五星评定系统，课后范董事长总结道："五星评定是营销学的终极对决，它把许多复杂的问题简单化了，一个五星评定系统将营销管理的多个模块全部打包在一起，让管理更简单高效……"范董事长的评价可谓一语中的，是对五星评定系统的精准概括。尤其是对于经营管理水平相对较弱的经销商而言，这套简单高效的系统可以帮助他们快速提升管理水平。从这个意义上来讲，五星评定是一个为渠道伙伴赋能管理能力最有效的抓手。

↘ 机制游戏化：激活人性的底层逻辑

这套五星评定系统为什么能激活人性向上的欲望呢？这与

这套机制的设计贴近人性这一特点息息相关。如果你了解游戏的话，你会发现对于参与者而言，这套机制很像是一种升级游戏。

☑ 小目标渐进

为了让玩家更有成就感，游戏公司在设计游戏时往往会设置一些几分钟以内就可以完成的小目标，让玩家不断地完成小目标，不断获得成就感。为了维持这种成就感，玩家会迫不及待地投入到另一个小目标。

同样，企业中能升职的只能是少数人。也就是说，管理岗位是非常有限的资源。但是，如果我们在每个层级内部都增加五星评定，那么一个大目标就会被拆解为若干个小目标。对于销售新人而言，短期之内很难晋升为销售经理，但他知道，只要完成哪些指标，他就可以挑战一星级销售人员。当他完成一星级销售人员的目标后，他会设定更加高一级的目标：二星级销售人员……升级的路径清晰，目标明确，这会激励他们不断地向上攀爬。

☑ 缩短反馈周期

许多人之所以沉迷游戏，是因为系统会给玩家即时反馈。这就好比运动软件会把步数、消耗的能量等数据用排行榜的方式展现给运动者。如此一来，一个长反馈就变成了若干个短反馈，这些反馈就会激励运动者继续坚持。

大多数企业只能做到每年进行一次调薪升级的操作，但是，五星评定通常每个季度或每半年便会开展一次评定工作，根据参与者的价值贡献，给予相应的反馈，实时调整他们下一个周期的薪酬和职位。对于参与者而言，每个季度都拥有一次升级的机会。同时，如果不努力，还可能面临降级或淘汰的情况。这种缩短反馈周期的方式能让参与者保持更强的紧张感。

相对而言，三个月甚至半年的反馈周期仍然比较长，为了弥补这个缺陷，我经常提倡企业在内部举办各类销售竞赛，通过督导每周甚至每日通报团队冠军及个人冠军的方式，对每个团队和优秀员工所取得的成果进行即时反馈。

☑ 荣誉激励

激励分为两种：物质激励和精神激励。好的机制，一定是二者的完美结合。在玩游戏时，系统不仅会奖励你分数，还会时不时地为你颁发一枚勋章，这就是游戏当中设计的荣誉系统。

同样，在五星评定系统中，星级不仅仅与物质激励捆绑在一起，它更是一个精神激励系统。星级本身就是一种荣誉，一枚勋章，这种荣誉就是组织内部的社交货币。受到精神激励的成员，会产生出一种强烈的自豪感和成就感。从心理学角度来看，荣誉奖励带来的积极反馈和社会认可，能够起到激励的作用，进而促使接受者提升自身的表现。尤其是对于从未获得荣誉的新人而言，荣誉带来的精神激励甚至可能比物质激励更有价值。

以我辅导的一家著名的白酒企业为例，它为了凸显星级的激励效果，甚至给所有获得星级荣誉的经销商挂上"五星级经销商""四星级经销商""三星级经销商"……的门头招牌。同时，每半年专门为五星级经销商举办一次颁奖典礼，这些都是为了放大星级的荣誉价值。

　　好的机制一定是沿着人性的底层逻辑设计的。当企业建立了一种有效的激励制度后，所有人都会变得主动起来，因为这与他们的切身利益息息相关。因此，在做咨询的过程中，我经常看见许多企业在导入五星评定以后，经销商及其员工的进取心瞬间被激活。当人内心向上的欲望得以完全释放出来以后，所产生的爆发力是惊人的，这正是企业赖以成长的原动力。

08

第八章

渠道维护：驻站式陪
跑，构建深度关系

渠道管理的四个阶段

改革开放以来，中国经济从卖方市场转向买方市场，从增量经济转向存量经济。随着供需关系的变化，渠道管理方式也在不断升级，以求更好地适应市场的变化。在40多年的渠道发展变革中，中国企业在渠道管理上大体经历了以下4个典型阶段。

↘ 第一阶段：被动等商

二十世纪八九十年代，各行各业产品严重稀缺。为什么许多经销商会主动找上门来呢？因为他们可选择的余地不大。因此，那个阶段只要能做出产品，厂家只需要被动等待经销商上门就可以了，这是最原始野蛮的草根时代。

↘ 第二阶段：主动招商

随着市场竞争越来越激烈，企业开始有意识地主动招商。但是，这一阶段的招商是没有画像、没有门槛的。渠道经理不分青红皂白，只要答应签约就发货，只要打款就合作。凡是能拿现钱买产品的就是自己的经销商，来者不拒。

这种粗放式招商的方式，带来的后果是经销商水平参差不齐，许多经销商为了赚钱无所不用其极，因此低价倾销、跨区域串货……各种乱象频出，不仅扰乱了总部的价格体系，还让厂家的品牌声誉严重受损。与此同时，大多数经销商也赚不到钱。即便是总部换掉了不合格的经销商，面对一个已经被做烂的市场，再想做起来是难上加难。

↘ 第三阶段：优选大商

当企业品尝过随便招商的恶果后，企业就会放弃以往广招经销商、来者不拒的策略，开始精选合作对象，从源头上把好关。许多聪明的企业会根据标杆经销商的数据，开始倒推目标经销商画像，优选大商，提升经销商的品质。

虽然经销商的品质已经有了质的飞跃，但是，此时的企业仍然只关注前端的招商，至于进来的经销商能否生存下来，只能靠经销商自生自灭。因此，这个阶段最大的问题是只生不养——只在招商环节把关，缺少对经销商的赋能和帮扶。

↘ 第四阶段：优生优育

真正优秀的企业早就从只生不养转向优生优育。它们不仅仅关注招商，更加关注育商，在培育经销商的过程中，深化双方的合作关系。

为什么需要育商？因为今天优秀的经销商具有稀缺性，其选择的余地更大。这个时候，经销商看重的不仅仅是产品和品牌，还有企业对他们的培育和帮扶。因此，仅仅对经销商进行优生还不够，还要遴选一批真正有潜力的标杆经销商，对标杆经销商进行优育，帮扶标杆经销商做大。只有标杆经销商做大了，企业的原点市场才真正做起来了。接下来，再进一步将标杆经销商的经验复制给更多的经销商。

从我对中国企业的走访和调研来看，中国企业情况比较复杂，这四个阶段的企业都存在。但是，从长远来看，未来能在中国市场下存活下来的，一定是能及时升级到第四阶段的企业。因为在存量经济时代，不再有跑马圈地的机会，而是要对各个区域市场进行精耕细作。要想完成对区域市场的精耕细作，厂家就必须有效地支持、帮助和服务经销商，使他们能够按照厂家的标准去精耕区域市场的终端，让终端能够主推甚至专推你的产品。从这个角度看，只有优生优育，才能真正帮助渠道伙伴做大。而只有渠道伙伴做大了，企业才能做大。

如何才能更好地实现优生优育呢？一个重要的抓手就是渠道驻站。通过渠道驻站，扶持优秀经销商，树立标杆经销商、标杆分销商和标杆门店。通过树立标杆，将标准做出来，流程建起来。然后，再将标准和流程统一复制给其他经销商，快速实现渠道的扩张。

本质上，渠道驻站的底层逻辑就是聚焦。通过组织聚焦、渠道聚焦，集中企业的资源和能力，将一个区域、一个店……做到极致，排除各种干扰。

聚焦的目的是什么？形成一种势能。何谓势能？《孙子兵法》云："故善战人之势，如转圆石于千仞之山者，势也。"这句话的意思是，善于指挥打仗的人所造就的势，就像让圆石从极高极陡的山上滚下来一样，来势凶猛。这就好像一块小石头从矮坡上滚下来，可能没什么力量。但是，如果它是从上千米的高山上滚落下来，就会形成强大的势能。

因此，企业每布局一个区域，就要集中企业的资源和能力，聚焦将这个区域做到极致，形成势能，并输出服务经销商和客户的标准，提炼出服务流程，再将这套标准和流程复制给其他经销商。这就是用先进拉动后进，先标杆，后标准，再复制，再渗透，再扩大。

在存量经济时代，优秀的经销商属于稀缺资源，你能合作，对手也能合作。谁能帮经销商赚到更多的钱，谁就可以在渠道端拥有一时的优势。但是，如果你做得不好，也随时可能被淘汰出局。在这种背景下，渠道驻站几乎成为取胜的一个重要利器。一方面，驻站团队可以通过驻站，与经销商建立深度关系，将总部与经销商绑定在一起；另一方面，驻站团队可以通过驻站，让经销商看到总部的专业能力，看到总部是如何提升经销商的经营管理能力，做大经销商的业绩的。

本章，我们将介绍渠道驻站应该如何落地，从而有效帮扶经销商实现业绩倍增。

渠道驻站：一对一帮扶经销商

在走访经销商的过程中，我看到了一个令人扼腕的事实：许多经销商经常会躲着厂家的业务员，因为这些厂家的业务员拜访他们，不仅不会为他们带来任何帮助，反而会不断地向他们压货，导致经销商库存居高不下。

为什么会这样？因为在从厂家—经销商—分销商—终端客户的价值链条上，大多数厂家只把时间和精力放在招商和压货上，至于这些货物能否销售给终端客户，这部分价值链条则全部交由经销商自己来消化。因此，双方的合作是割裂的，而这种割裂也是导致经销商做不大，甚至最终流失的核心原因。

从我对经销商的调研情况来看，大多数经销商的经营管理能力是欠缺的，有些甚至是夫妻档，不具备公司化的运营结构和运营能力。如果企业只负责铺货，不帮助他们去规划市场和开发二级网点，不负责教会他们如何组建团队，不去现场培训，不教他们的团队卖货，不辅导他们做营销活动……那么最终的结果只能是任由经销商自生自灭。因此，渠道维护的目的，是要让厂家深度参与到这条价值链中，手把手帮助经销商完成从铺货到卖货的惊险一跳。只有这样，经销商才能感受到厂家真正对他们有帮助，厂家才能成为经销商真正的盟友，双方才能一起携手走得更远。

在餐饮赛道，有一个非常有意思的网红品牌叫"熊大爷"。在新冠疫情期间，整个餐饮赛道"惨不忍睹"，闭店潮席卷整个餐饮界。然而，"熊大爷"却逆势而行，3年拓店超1 000多家，它是怎么做到的呢？在我看来，这与创始人的理念有很大的关系。

整个加盟生意划分为三个段位：初级段位就是品牌方只负责招商，至于加盟商干得好不好，只能听天由命；到了中级段位，品牌方开始输出统一的规则和标准，定期对加盟商进行检查，避免大家各自为战；而高级段位则不仅是输出标准，还会组建团队为加盟商赋能，带着加盟商做大市场。

在给加盟商赋能这个环节，"熊大爷"洞察到一个问题：光是把成功经验复制给加盟商还不够，许多时候不是方案的问题，而是加盟商执行不到位，你必须手把手带他。怎么解决这个问题呢？"熊大爷"专门成立一个团队叫"爆店小组"，为标杆门店提供传单派发、客户引流等基础服务，手把手带着这些不会经营的加盟商，把这个店铺打爆。

举个例子，"熊大爷"推出了一个"万单计划"，即一个月在门店半径500米范围内发出1万张传单，平均一天发300多张。与传统的发传单不同，"爆店小组"不会直接交给店主一摞传单，随便怎么发都行，而是每次只给店主20张，这20张必须发到20个人的手里。传单发出去后，不能马上离开，而是陪着他至少再走10秒，介绍一下"熊大爷"的卖点和优惠。这样一套辅导动作下来，加盟商才能真正掌握发传单的技巧。正如"熊大爷"的市场负责人李文扬所言："一家做连锁的公司，到最后都会变成教育公司。"

同样，手机行业中的OPPO与vivo也是两个非常值得学习的品牌。与苹果、小米不同，这两个品牌从创立初始，就将重兵压在线下渠道，尤其是三四线城市，甚至下沉到乡镇市场。为什么这两个品牌在线下渠道获得了如此巨大的成功呢？这与其促销员派出机制有密不可分的关系。为了守好渠道的最后一个关口，OPPO与vivo派出大量有经验的促销员进入终端，与此同时，还帮助大量的合作经销商去培养促销员。

对于合作经销商，OPPO和vivo不仅考核订货量，还考核促销员的产能、宣传质量、是否串货等。当终端的手机店主向经销商订货量达到一定数量后，经销商就需要派促销员到店里。这些促销员全部由总部和经销商负责招聘、管理和培训。因此，早在10年前，两个品牌就建立了数万人的促销员团队。据公开数据显示：2015年，OPPO在广州、佛山、韶关、清远、肇庆、云浮六个城市就有3 700多人的促销团队，紧密合作的直供门店达到4 200多家，每月售出近15万部手机。

当然，终端手机门店也非常喜欢与OPPO、vivo合作。为什么呢？因为这些驻店的促销员都受过极其专业的训练，能大大提升门店的手机销量。对于这些促销员的沟通方式、行为、话术，比如怎么接待进店客户，怎么与顾客沟通，如何介绍产品等，这两个品牌已经全面构建了流程化、标准化和情景化的知识平台。如果其他品牌没有如此专业的人员驻场，那么终端的市场份额一定会被这两个品牌一点点地蚕食。

由此可见，企业要想落地好渠道战略，真正的决胜点不是招商，而是育商。育商不是一句空话，它需要企业真正将重兵压向一线，培养优秀的育商团队，扎根一线，服务终端，才能真正地留住渠道伙伴。

企业具体应该怎么做呢？我们在实践中摸索出来了一套渠道驻站模式，即通过派出驻站人员，对符合条件的大商实行一对一帮扶制度。

为什么要驻站呢？我们先来看驻站的意义。

- 对大商：能够帮助大商梳理渠道、培育团队及组织推广活动，手把手教会他们如何做经营管理。传统经销商要想在激烈的竞争中不被淘汰，也面临着从倒买倒卖型经销商到价值增值型经销商的升级难题。谁能够帮助经销商更好地解决这个难题，谁就会得到经销商的拥簇。
- 对员工：能够增强员工的专业渠道实践能力，将其成为渠道商的经营顾问，进而提升员工薪酬。
- 对公司：能够做强区域，让经销商与公司同频，持续成长。同时，培养骨干员工。

现在问题来了：哪些经销商可以享受驻站服务？驻站成员的画像是什么？驻站成员的岗位职责是什么？驻站团队如何进行培育？……只有把这些细节问题梳理清楚，才能让驻站成为渠道维护的一把利刃。本章就以我所辅导的一家家居建材企业为样本，详细拆解驻站式打法是如何帮助该企业的驻站经销商实现97.8%

的业绩增长的。

↘ 为谁驻站：驻站对象的筛选标准

该企业于1990年创立，经过30余年的发展，已经形成了全屋定制、生态板材、五金、地板、木门等系列产品的完整产业链，在全国31个省、自治区、直辖市拥有连锁专卖店2 000余家。

2023年之前，受新冠疫情的影响，该企业整体业绩增长乏力。在调研企业的经销商时，我发现整个经销商团队的作战能力参差不齐。而造成这个问题的核心原因有三个：第一，公司招商能力较弱，没有吸引到真正的大商，年销售额达千万级的大商寥寥无几，甚至还有不少经销商是夫妻老婆店；第二，公司没有对经销商进行赋能，导致经销商的专业度不足，没有摸索出一套统一的销售打法，自然就无法快速复制经销商自己的销售铁军；第三，公司没有做好渠道维护，没有成立驻站帮扶团队，导致经销商只能自己摸索，业绩未能达到预期。

2023年，受该企业董事长的邀请，我开启了对该企业的辅导。辅导之前，我连续数月走访了该行业的标杆经销商，并深入到最末端的一线市场去了解经销商及分销商的诉求。经过一段时间的调研，针对该企业现存的问题，我计划依次为其整个渠道体系导入作战地图、通关、《渠道秘籍》和驻站式帮扶等系统工具。

在导入驻站式帮扶时，我们首先面临一个抉择：由于驻站团队本身是企业对经销商投入的资源，那么如何让这些资源投入得到更大的回报呢？因此，我们要解决的首要问题是，评估到底哪些经销商值得投入育商团队进行驻站。

以终为始来推演，未来十年这家企业的目标是成为百亿级的企业，那么对标当前的市场标杆，要想成为百亿级企业，必须拥有一大批亿元级别的经销商。那么，以标杆经销商的增长率来倒推，这批经销商当前必须达到1 000万以上的销售额，才有可能在未来十年成长为亿元级别的经销商。如此一来，这家企业将驻站式的经销商画像就定位出来了。

- 画像1：想做当地第一，能够与厂家同频，意愿度高，未来能够实现5 000万元以上的业绩潜力。
- 画像2：能做当地第一，年合同额≥3 000万元的大商，有运营团队的认知和能力。
- 画像3：愿意投入资源做第一，愿意为我们的品牌成立专营团队。

一言以蔽之，企业就是要聚焦大商，优化资源配置，将资源向大商倾斜。通过驻站式陪跑，实现重点市场、重点渠道的突破，培育一批核心的大商。

↘ 谁来驻站：驻站团队的画像

谁来负责驻站呢？这个工作要交给育商部来负责。在渠道组织一章中，我们提到要对经销商进行全生命周期管理：开发前，锁商部负责锁定经销商画像；开发中，招商部负责开发锁定好的经销商；成交后，则要交给育商部来接手。

在企业实践中，我发现许多企业是将育商的工作交给招商专员来做，导致招商专员既要负责招商，还要负责育商。如果长期这么做，可能会给企业带来两个隐患。

第一，由于经销商全程只与招商专员一人接触，长此以往，这个经销商很容易变成招商专员的个人客户，而不是绑定在公司系统里。这就是有些企业员工离职会导致经销商倒戈，转头与竞争对手合作的原因。为了避免这种风险，最好的办法就是将招商工作和育商工作分开。

第二，招商专员和育商专员的工作职能不同，因此能力要求也不同。招商专员要具备的核心能力是开发能力，他的目标是将经销商开发进来；而育商专员的核心能力是帮扶能力，他要有能力指导经销商搭建团队、培育团队、扶持经销商开发二级网点、辅导终端组织各种市场营销活动，帮助终端网点动销……由此可见，育商团队不仅要对经销商的痛点、问题了如指掌，还要有能力将自身的成功经验复制给经销商，帮助经销商实现业绩增长。从这个维度看，对育商专员的能力要求比招商专员更高。

因此，为了保证驻站效果，总部最好成立一支专门育商的驻站队伍。这支队伍就相当于经销商的经营教练。如果教练水平低，那么经销商的业绩就很难实现增长。

那么，企业应该从哪里发掘合适的驻站人员呢？我的经验是从现有招商团队和客服团队中选拔优秀标杆。因为他们长期奋战在一线，了解渠道的痛点，知道如何才能更好地指导和帮扶经销商。

基于此，该家居企业在设计驻站人员的画像时，明确提出了3个要求。

- 画像1：有利他心。因为驻站人员不像过去的招商人员，他专注于服务一个标杆经销商，所以他必须有帮助经销商的利他之心。
- 画像2：入职满1年及以上人员，获得≥1次冠军/亚军/季军的区域经理或战区总监。
- 画像3：具备赋能经销商的能力，能够协助经销商进行培训，开发销售网点，并帮助经销商制定经营规划。

从这个角度来看，未来营销团队的主力就是两类人：一类是攻城略地的招商专员；另一类是驻站守城的育商专员。因此，营销人员必须二选一：要么成为招商高手，要么成为育商高手。

↘ 驻站团队的岗位职责

具体来说，驻站团队要为经销商提供哪些帮助呢？

☑ 岗位职责1：渠道开发

经销商的业绩来自分销商数量以及分销商的单店业绩的乘积。

对于经销商而言，要想实现业绩增长，必须从两个维度来思考：首先，要开发更多的二级分销商，二级分销商的数量越多，开拓的销售网点越多，贡献业绩的经营单元就越多；其次，要帮助二级分销商提升单店业绩，单店业绩越好，最终业绩就越大。

因此，经销商要想业绩持续增长，就必须对该区域进行精耕细作，通过渠道下沉，将一个区域做深做透，将触角延伸到该区域市场的每一个角落。

除了协助经销商开拓常规渠道外，驻站团队可能还要协助经销商进行大客户开发，培训经销商团队如何开发大客户，并且对整个大客户开发的过程进行管理，及时帮助他们解决大客户开发过程中遇到的卡点。

☑ 岗位职责2：团队建设

如何才能开发出更多的二级分销商？如何才能帮助二级分销商提升单店业绩呢？这些都需要经销商对渠道进行精耕细作。可是，即便是一个县级经销商要精耕细作渠道，需要多少业务员呢？我们来粗略地算一笔账。

智研咨询的调研数据显示：全国流通类终端数量约700万个，其中一线城市、二线城市、三线城市、县级、乡镇及以下级别的大致比例为1∶2∶2∶2∶3。按照这个比例，县级及以下终端数量为350万个左右，其中140万个在城区，210万个在乡镇及以下。目前，我国平均每个县有约1 900个终端，其中县城有800个左右，乡镇村有1 100个左右。假设每个业务员人均能覆盖200~300个左右的终端客户，那么一个县域级经销商要想对传统流通渠道进行精耕细作，需要5~8个以上业务员跑市场。由此可见，如果经销商根本没有组建团队，或者只有两三个人，那么基本不太可能实现深度分销，也就无法将市场做深做透。

更要命的是，大多数经销商过去将关注点放在事情身上，极少关注团队建设。由于不会招人、育人、管人、留人、淘汰人……导致招来的员工很难产出价值。因此，驻站团队的重要职责之一，就是要帮助经销商做好团队建设，教会经销商如何招对人、育好人、管好人……

☑ 岗位职责3：活动引流

有句行话叫"三分天空，七分地面"。总部除了要做好广告轰炸外，还要在地面最靠近用户的地方进行活动推广，持续不断地在市场上发出自己的声音，让终端消费者不管买还是不买，都持续看到我们的身影。

今年，最让我震撼的一个数据是飞鹤奶粉的相关统计。前文提到，飞鹤奶粉每年要在全国各地的线下渠道做100万场活动，比如亲子嘉年华、宝宝爬行大赛、妈妈育儿讲座等。这意味着飞鹤奶粉平均每天要举行近3 000场的活动。

100万场活动的落地要靠谁？单靠飞鹤奶粉自己的团队是不可能做到的。实际上，这些活动的落地执行是由飞鹤奶粉与其经销商共同完成的。飞鹤奶粉有5万名销售人员，其中33 000人是经销商的销售团队，17 000人是自己的正编部队。每一名销售人员负责2~3个母婴店，把全国十几万个母婴店全部覆盖了。在每个省份，省级经理指导全省的活动，活动助理对接门店，负责活动策划执行，营养顾问则覆盖全国性大型渠道、夫妻店、单体店。正是所有人的共同协作，才真正奠定了这个品牌在终端消费者心中的位置。

如果说铺货是提升终端渗透力，那么促销活动则是动销手段，是帮助终端成交的临门一脚。尤其是在企业品牌知名度不足的情况下，更要通过强大的地推活动来弥补。驻站人员要与经销商共同研究：针对当下市场的特性，如何通过单店爆破和品牌联盟，吸引更多的用户？如何开发更符合该区域市场的促销活动？……核心原则就是活动不能停，要让终端用户持续听到品牌的声音，要让渠道伙伴对各种促销活动形成期待，培养渠道伙伴积极参加活动的习惯。

☑ 岗位职责4：作战地图

对于二级分销商及终端门店，如何才能完成业绩目标？

渠道越往下走，经营能力越弱。以终端门店为例，由于终端开店门槛较低，大部分终端老板没有受过专业训练，在门店运营上严重缺乏科学的方法论，基本上是凭自己的感觉在经营，这种情况在传统线下渠道最为普遍。因此，驻站团队必须为他们补上这一短板，辅导他们用作战地图来拆解目标的达成路径。

譬如，从产品、渠道、推广、价格等方面进行梳理。

- 产品：根据终端用户的需求，经销商及分销商还应该导入哪些新产品及产品组合？

- 渠道：除现有渠道外，还可以开拓哪些新渠道？比如能否通过线下下沉到更贴近用户的地方，以开发更多的销售网点？能否通过异业联盟，锁定一些行业大客户或企业大客户？除了线下渠道，能否在线上渠道寻找增量，帮扶经销商从抖音、拼多多、团购点评、私域、第三方团购等多维度提升业绩？

- 推广：针对不同的渠道及客群，企业可以设计哪些推广活动？

- 价格：产品应该如何定价，才能超越对手，更加具备竞争力？

需要提醒的是，不同类型的企业驻站团队的职责是不同的，一切都要从终端客户画像出发，来倒推驻站团队的具体职责。无论职责如何变化，驻站团队的定位是相同的——驻站团队就是经销商及分销商的经营顾问。这让我想起了7-11专门为加盟商培养的经营顾问。

为什么7-11能在全球开店超过7万家，成为全球最大的连锁便利店？秘诀就在于其强大的加盟商赋能体系。7-11绝大部分门店都是由夫妻老婆店收编而来的，而夫妻老婆店最大的痛点就是经营能力差，为此，7-11将自己开店的经验总结为一套运营方法论。

为了将这套运营方法论快速复制给加盟店，7-11在全球培养了近3 000名店铺经营顾问，这些人是公司总部与加盟店之间沟通的桥梁。他们一周到店1~2次，充当的角色是加盟店的现场指导顾问。其主要职责是指导一线加盟门店的经营管理工作。譬如说，指导他们如何科学地下单订货，如何进行商品陈列，如何进行店铺经营等，进而使得这些加盟店能够实现更多的盈利。

40多年来，7-11创始人铃木敏文每周一都会召集所有店铺经营顾问来到7-11总部，召开经营研讨会（随着企业规模的不断扩大，会议已经变更为两周一次）。经营研讨会由7-11创始人铃木敏文负责说明经营理念等框架，剩余的讨论环节都由员工自行安排。

经营研讨会的流程分为两大模块：上午由总部宣贯新流程、新制度和新政策，下午则是由所有店铺经营顾问进行研讨，店铺经营顾问会分享在加盟店第一线的工作中迸发的灵感和典型事例，分组讨论这一周什么做得好、什么做得不好、哪些需要改进。然后，将所有做得好的部分提炼出来，变成下一周的迭代方向。

那么，铃木敏文有多么重视这个岗位呢？从年度会议中的座次就可见一斑。每次开年度会议时，坐在他身边的不是副总裁，而是业绩排名前十的店铺经营顾问。

甚至连"店铺经营顾问"这个名字都别有深意，"店铺经营顾问"是7-11独创的一个称谓。按照行业惯例，企业通常会把指导连锁加盟店经营的负责人统称为督导，而不是店铺经营顾问。为什么7-11不延续督导这个称谓，而独创出"店铺经营顾问"这个称谓呢？

这是因为在创始人铃木敏文看来，"店铺经营顾问"与督导存在本质上的差别，连锁便利店的督导起源于美国，其主要职能是监察各个加盟店是否按照总部的规则在运作。而店铺经营顾问的核心职能不是监察，而是帮助加盟店提升业绩，是加盟店的重要经营顾问。

其实，7-11的店铺经营顾问就相当于我所提倡的驻站团队。

驻站团队的使命是什么？深度参与每一位经销商、每一位分销商、每一个终端门店的运营，帮助经销商、分销商和终端零售商赚钱。不但要确保渠道伙伴能赚到钱，还要确保他们能赚到的钱高于竞争对手合作时所赚到的钱，并且把队伍养得"兵肥马壮"，使得整个组织越来越强。

与此同时，我们还要让渠道伙伴看到：与我们合作不仅能赚钱，还能提升团队的经营能力、管理能力、销售能力。古语云：授人以鱼不如授人以渔。对于聪明的渠道伙伴来说，能力的提升可能比盈利的结果更加具备吸引力。因此，总部的使命是不仅让渠道伙伴能得到"鱼"，更能得到"渔"的能力。唯有这样，才能真正赢得渠道伙伴的深度信任，真正把厂家和渠道绑定在一起。

↘ 驻站团队的培育与管理

既然驻站团队对于渠道举足轻重，那么如何才能培育出一支合格的驻站团队呢？这也是值得关注的问题。

曾经有一家企业向我反馈：它也派驻了业务人员对标杆经销商进行一对一帮扶，协助标杆经销商精耕细作区域市场。最初，驻站效果立竿见影，标杆经销商的业绩得到了大幅提升。因此，总部计划将这一模式在全国范围内推广。一开始，推广效果非常显著，全国经销商的业绩都呈现出增长态势，结果3个月后，一部分地区的经销商出现了业绩停滞甚至负增长的情况。

这到底是怎么一回事呢？每每问及当地的驻站人员，他们的回答总是"市场不好做""对手太强了"……后来，经过总部的深入调查，才发现了问题的症结出在管理上：一开始，驻站人员与经销商不熟悉，因此工作很卖力，指导也很仔细。慢慢地，驻站人员与经销商混熟了，许多驻站人员就开始"摸鱼"：每天睡到自然醒，再去经销商那里报到，随便晃荡一圈，敷衍了事……如此一来，自然就无法起到驻站的效果。

由于驻站人员离总部较远，本来就容易出现"放羊"的现象。因此，企业在管理驻站团队时，必须改变过去重结果轻过程的管理方式。一手抓结果，一手抓过程。只有管理好过程，才能有好结果。那么，如何才能管理好驻站团队呢？其底层逻辑和培育招商团队是相通的。

☑ 培训《渠道秘籍》，将销售方法论复制给渠道伙伴

《渠道秘籍》是对标杆销售方法论的高度提炼和总结。通过培训《渠道秘籍》，驻站人员可以快速掌握相关的行业知识、产品知识、客户知识和销售知识，这些知识可以帮助驻站人员更好地赋能经销商及其销售团队。

☑ 跟踪《作战地图》执行结果，了解执行中的问题和障碍

对于每位驻站人员，要根据总部要求的岗位职责，设计相应的作战地图。每月月初，总部要跟踪作战地图的完成情况。如表8-1所示，这是某建材家居企业驻站团队的作战地图完成情况汇总（注：数据已做删改处理）。表中除了分析驻站人员的目标合同量是否完成外，还要跟踪其作战地图是否执行到位，汇总了作战地图中三大有效动作：分销网点开发、经销商团队组建以及营销活动场次的执行情况是否到位。

表8-1 某建材家居企业驻站团队的作战地图完成情况汇总

驻站特种兵	2023年目标合同量	销量进度				分销网点开发进度			经销商团队组建进度			营销活动场次进度		
		1~7月已完成量	8月目标完成量	8月实际完成量	8月完成率	8月目标完成量	8月实际完成量	8月完成率	8月目标完成量	8月实际完成量	8月完成率	8月目标完成量	8月实际完成量	8月完成率
张××	1 500	900	100	179	179%	2	2	100%	业务员1位	1	100%	10	8	80%
刘××	3 000	1 500	240	233	97%	2	2	100%	业务员1位，设计师1位	1	50%	15	15	100%
王××	2 500	1 160	240	246	103%	3	1	33%	业务员1位，设计师1位	1	50%	12	12	100%
吴××	3 000	1 680	300	350	117%	3	5	167%	设计师1位	1	100%	20	18	90%
丁××	1 000	410	100	67	67%	2	1	50%	设计师1位	0	0%	12	6	50%

......

除了解汇总情况外，还要对分销网点开发进度、经销商团队组建进度以及营销活动场次进度进行单独分析，了解驻站过程中各经销商在目标达成过程中出现了哪些障碍？哪些市场在网点开发和动销的过程中出现了问题？通过跟踪作战地图的执行情况，来了解驻站过程中，市场一线出现了哪些变化，再来思考如何应对这些变化，解决相关障碍。

☑ 总部定期组织通关PK，提升驻站人员的育商能力

每个季度，总部要组织驻站团队对作战地图中的有效动作进行通关PK。

通过以上三个动作，驻站团队的能力就培养起来了。事实证明，仅仅经过近一年的驻站，该建材家居企业就逆势增长了35%，尤其是总部提供驻站帮扶的13家经销商业绩增长更是高达97.8%。

↘ 驻站团队的激励机制

如何才能调动驻站团队的积极性，将经销商的成长与驻站人员的贡献挂钩呢？为了调动驻站团队的积极性，企业也要为驻站团队导入激励机制。这个激励机制包括两个：一个是五星评定机制，通过五星评定可以确定驻站人员的基本工资；另一个是提成机制，将经销商的业绩与驻站人员的奖金挂钩。

先来看驻站人员的五星评定。如果驻站团队规模大于20人，企业就可以导入五星评定；如果驻站团队规模比较小，人数在3～20人之间，就导入三星评定。如表8-2所示，这是某建材家居

企业为驻站团队导入的五星评定（半年评定）。整个五星评定也是从三个维度来评定星级。

表8-2　某建材家居企业为驻站团队导入的五星评定（半年评定）

星级	经销商新增业绩/万元	经销商总业绩/万元	过程得分	通关得分	评定工资/元
五星级	1 000	5 000	90	90	13 000
四星级	900	4 500	85	85	11 500
三星级	800	4 000	80	80	10 000
二星级	700	3 500	75	75	9 000
一星级	600	3 000	70	70	8 000

☑ **业绩指标**

业绩指标考核的是驻站后的业绩成果。一旦驻站对经销商有帮助，其成效一定会体现在业绩上。这个业绩可以从两个维度来考核：一个是经销商的总业绩，另一个是经销商的新增业绩。

其中，新增业绩是根据企业自身的战略需求来定义。比如，公司的战略需求是向经销商推荐新产品，那么经销商在新产品上产生的业绩就可以定义为新增业绩。同样，如果企业的战略需求是要求经销商开发新网点，那么企业也可以将新网点所产生的业绩定义为新业绩。

☑ **过程指标**

过程指标是根据驻站团队作战地图中的有效动作来计算过程得分。假设该企业某驻站人员的有效动作有三个：一是每周开发两个分销网点，每少一个扣100元；二是每月完成组建团队任务两人，少一人扣100元；三是每周组织两场营销活动，每少一场扣200元。按照每40元=1分计算，就能轻松地计算出驻站人员的过程得分。

☑ 通关指标

前文提到，驻站人员同样要就其有效动作进行通关，那么根据其大通关线上和线下得分，就可以计算出驻站人员的通关得分。

按照业绩得分、过程得分和通关得分，就可以评定出每一位驻站人员的星级。同样，星级会决定驻站人员的基本工资、晋升、降级和淘汰。这个逻辑和销售团队的五星评定是相通的，在此就不再展开阐述。

除此以外，驻站人员的奖金应该与经销商的业绩挂钩。譬如说，如果经销商的业绩增长在10%以上（在设置奖励基数时，总部要允许自然波动。以该企业为例，业绩增长率在90%~110%之间属于自然波动，不做奖罚），那么10%以上的增长部分可以视作驻站人员赋能所产生的业绩。那么，针对这部分业绩，总部应该提取一定的比例，如10%作为对驻站人员的奖金，以此来激励驻站人员对经销商进行真正的深度帮扶。

最终，通过整套驻站系统的打造，真正实现对标杆经销商的深度帮扶，将一个区域做到极致。从这个意义上讲，扶持标杆经销商的过程就是蓄势的过程。对经销商的帮扶越有效，蓄积的能量就越大。只有在最关键的市场上形成绝对的优势，才能占据市场的制高点，拉开与对手之间的差距。因此，驻站就是为了蓄势，为了将一个标杆市场做透。当企业将一个标杆市场做透后，就能形成一种强大的势能，然后快速地复制、渗透和扩大，最终实现业绩爆发式大增长。

结语

　　本书写到这里，已经接近尾声。蓦然回首，我与行动教育合作讲大营销课程已经11年。11年来，我接触了数以万计的企业，亲眼见证了它们对于企业建立营销系统的渴求。为了回应它们在现实中遇到的困境，我连续出版了5本关于营销管理的书籍。然而，近年来，越来越多的行业龙头向我发出邀请，它们的问题不光是关注内部营销体系的建设，而是在思考如何更好地布局渠道、管理渠道和赋能渠道。因为它们清楚地知道：只有渠道做好了，企业才能做好。

　　为了更好地了解渠道的痛点和卡点，我几乎把讲课和辅导以外的大部分时间都用于走访和调研渠道终端。随着我对渠道的研究不断深入，一个观点在我脑中越来越清晰：企业要想真正实现业绩突破，必须把渠道上升到战略的高度。

　　那为什么要把渠道上升到战略的高度呢？

　　首先，用户需要渠道战略。

　　以终为始来看，营销的本质是要创造用户终身价值。而创造用户终身价值的前提是，企业要无限地贴近你的用户。如果用户已经知道了你的品牌，但是他不能近距离地感受到、体验到，一切皆等于零。因此，渠道战略本质上就是要将企业的营销布局和体系建设深入到最末端。今天大部分企业的营销体系还是局限于企业内部，没有真正延伸到渠道端。如果这个问题不解决，那么企业就无法真正地为用户创造价值。

从这个角度看，渠道战略本质上就是以用户为中心，就是对用户价值战略的落地。因此，我经常讲，渠道战略是个终极战略。因为只有把渠道战略落地，把渠道做到了极致，才是真正的以用户为中心。

譬如说，我曾经见过一家优秀的企业，过去是直接面对客户的，它能够做到以用户为中心。但是，当他转型面对经销商时，他就开始赚经销商的钱，导致许多经销商不服从它的管理。其实，正确的做法是给经销商赋能。通过为渠道赋能，教会他们如何为更多的终端用户创造价值。因此，最后你会发现，渠道战略本质就是以用户为中心，而以用户为中心的本质就是为渠道赋能。

其次，企业也需要渠道战略。

存量竞争时代，越来越多的企业陷入低增长甚至负增长。那么，如何才能打破这个魔咒，实现业绩高增长呢？当代中国正处在转型发展的新时期，城镇空间不断扩大，在城乡一体化的大趋势下，客户不再集中于中心城市的中心城区，这意味着过去不受重视的四五线城市、乡镇市场甚至农村市场都逐渐成为企业竞相争夺的增量市场。如果企业不能及时地进行渠道下沉，从而快速地抢占这些市场，并对渠道进行精耕细作，那就相当于业绩少了一半。因此，企业一号位都要重视渠道建设。

在我的视角里，渠道建设并不等于简单的工作规划，而是基于公司战略目标，围绕渠道业绩以及组织能力提升的全盘思考，属于顶层设计与落地推动双线并行的工作。因此，渠道建设不是一个简单的战术问题，而是一套战略系统，背后需要解决一系列的问题。

- 如何根据企业的终极目标进行渠道布局？
- 如何围绕渠道战略布局渠道组织，使其能够保障渠道战略的落地？
- 如何帮助每一层渠道伙伴推演出达标的作战地图？
- 在执行作战地图的过程中，如何保证渠道伙伴在作战过程中不走偏？
- 如何将赋能体系延伸到渠道端，教会渠道伙伴如何作战？
- 如何用动态机制来激活渠道伙伴的动力，让渠道队伍始终保持战斗力？
- 如何通过驻站式陪跑，实现渠道伙伴的优生优育？

其中，每一个问题都是一个"齿轮"，所有问题仿佛组成了一个由多个齿轮构成的机械模型。只有让齿轮与齿轮之间相互咬合，才能真正开动机器。因此，如果你要落地渠道战略，必须同时落地每个模块的工具，否则就很难形成一个闭环，自然也无法形成一个完整的渠道战略。

那么，这个渠道战略应该如何落地呢？企业不能急于求成，一定要把握好节奏：先标杆，后标准，再复制，再渗透，再扩大。

为什么要先打造标杆？因为标杆就是以终为始，择高而立，建立高标准，占领渠道的制高点。一旦企业占领渠道的制高点，对手就会处于仰攻的被动局面。相反，我们就可以形成俯冲之势，此时企业渠道扩张就如从千仞之高的山上滚下圆石一样，其势可转化为不可遏制的攻击力量，从而改变整个竞争格局。

值得注意的是，这里的标杆不是狭义地指某个经销商，而是企业要聚焦，集中资源打造一系列的标杆：从标杆市场—标杆经销商—标杆分销商—标杆零售门店，再到各级渠道组织中的标杆团队和标杆个人……通过打造标杆，把标准给提炼出来。

为什么许多企业渠道做得不好？因为一开始就没有打造标杆。没有标杆，就没有高标准。这就是《孙子兵法》中提到的"势险"。营销讲究的是势能，这就好比作战时要么不打，要打就要在关键的地点，集中十倍甚至数十倍于对手的力量，形成一种压倒性优势，从而蓄积最大的攻击能量。

当企业集中资源，快速打造一批标杆市场、标杆经销商、标杆分销商之后，这些标杆将成为制定标准的依据。一旦确立了高标准，企业就可以进行降维打击。这个时候，企业就要一鼓作气，迅速抓住窗口期，快速地复制、渗透和扩大，自上而下形成"俯冲之势"，快速占领市场。